Andrea Coppola

BLENDER
La guida definitiva

VOLUME 5

Sommario

VOLUME 5

II

IV

V

1

DOVE ERAVAMO RIMASTI?

1.1. Prefazione

Sembrava ieri quando mi sono gettato a capofitto nella colossale stesura dei quattro volumi di Blender - La Guida Definitiva.

Sarebbe dovuta divenire l'*opera omnia*, il riferimento per tutti gli italiani e non di questo software meraviglioso. Il successo è stato più che soddisfacente e i libri sono stati favorevolmente accolti dalla comunità. Ho ricevuto mail e apprezzamenti, qualche critica (sempre utili quando fatte con educazione e atteggiamento propositivo), molte iscrizioni al canale Youtube, tanti iscritti ai corsi.

Poi il graditissimo riconoscimento della Blender Foundation come **Certified Trainer** ("titolo" che mi inorgoglisce non poco).

Insomma, posso ritenermi soddisfatto.

Ma come tutte le cose, anche la Guida Definitiva ha subito gli effetti della corsa sfrenata agli aggiornamenti di Blender che, in soli 6 mesi dall'uscita del quarto volume ha rilasciato ben due *release*, non certo stravolgenti, ma con alcuni *improvement* degni di nota.

Con i nuovi aggiornamenti e alcuni *bug fixes*, alcuni argomenti meritavano certamente di essere trattati in modo più approfondito e una "guida definitiva" non si può considerare tale se non tenta di trattare in modo soddisfacente almeno la stragrande maggioranza dei campi d'azione.

Che altro aggiungere se non un caloroso "ben trovati" e "buona lettura" del quinto volume di Blender - La Guida Definitiva?

Andrea Coppola

1.2. Introduzione

Ben trovati in questo quinto (e inaspettato) volume di Blender - La guida Definitiva, in cui verranno trattati argomenti accennati in modo approssimativo nei volumi precedenti e argomenti del tutto nuovi, frutto degli aggiornamenti e delle nuove *release* del *software*.

Blender è destinato a evolversi, aggiornarsi e modificarsi regolarmente, implementando e correggendo funzioni e operazioni. Faremo del nostro meglio per rimanere al passo.

In questo nuovo volume entreremo maggiormente nel merito del **Compositing**, trattato sì, nel terzo volume, in modo completo ed esaustivo, ma eseguendo in questa sede alcune applicazioni molto più pratiche in modo da evidenziare maggiormente le problematiche e le peculiarità di questo importantissimo strumento.

Valorizzeremo inoltre l'utilità e la gradevolezza della renderizzazione **Freestyle**, sempre con l'ausilio di esempi ed esercitazioni, prima di parlare in modo più approfondito delle tecniche di illuminazioni con *Cycles*, in particolare dell'**illuminazione volumetrica** e attraverso strumenti comuni e **addons**.

Con la *release* 2.77, rilasciata a marzo 2016, il **Grease Pencil** è stato notevolmente implementato. Ci è sembrato opportuno adeguarci all'aggiornamento, spiegando le meraviglie che si possono ottenere con questo eccezionale strumento, che va al di là del semplice "scarabocchiare" nell'area di lavoro o su una *mesh*. Il *Grease Pencil* diviene infatti un incredibile strumento per disegnare a mano libera scene statiche o animazioni 2D davvero professionali.

E, per concludere al meglio la trattazione, entreremo finalmente all'interno del **Blender Game Engine**, il motore di gioco di Blender, sempre più utilizzato, sperando magari di rimandare a volumi futuri dedicati apposite lezioni.

4

1.3. Novità della *release* 2.77 (marzo 2016)

Prima di entrare nel vivo, desideriamo sottolineare quali sono stati i principali aggiornamenti e le nuove funzionalità nelle versioni 2.77 e nella precedente 2.76b.

1.3.1. OpenCL

Già a partire alla fine del 2015 l'implementazione all'*OpenCL* per la renderizzazione e a schede video con architettura differente da *Cuda Core*, come le *AMD Radeon* e *Intel*, è realtà, benché ancora non completamente affidabile e performante, almeno non con tutti i prodotti nel mercato. Attualmente, tra le altre cose, il processo di *rendering* in *OpenCL* esclude le ombre di superfici trasparenti, il *Motion Blur*, il *Volume Scattering*, diverse simulazioni e il sistema particellare *Hair*.

Per i possessori di schede non Nvidia compatibili con l'OpenCL, dalla *User Preferences*, all'interno del *TAB System*, è possibile selezionare e attivare il motore e la scheda (o le schede) dedicate.

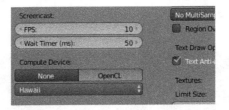

fig. 1 attivazione di una scheda video con architettura *OpenCL*

Direttamente dal sito www.blender.org sono disponibili le compatibilità e le funzionalità dei processori *CPU*, *GPU* (*Cuda Core*) e *OpenCL*, riassunte dallo schema sottostante.

Feature	CPU	CUDA (NVIDIA GPU)	OpenCL (AMD GPU)
Basic Shading	✓	✓	✓
Transparent Shadows	✓	✓	X
Motion Blur	✓	✓	✓
Hair	✓	✓	✓
Volume	✓	✓	X
Smoke / Fire	✓	✓	X
Subsurface Scattering	✓	✓	X
Open Shading Language	✓	X	X
CMJ sampling	✓	✓	X
Branched Path integrator	✓	✓	X
Displacement / Subdivision	✓ (experimental)	✓ (experimental)	✓ (experimental)

fig. 2 funzionalità dei processori supportati (tratto da www.blender.org)

1.3.2. *Subsurface Scattering* (*SSS*)

Operando in CPU e GPU (*Cuda* Core), per quanto attiene *Cycles*, lo *shader Subsurface Scattering* (*SSS*) è ora disponibile alla renderizzazione, secondo un nuovo algoritmo di calcolo, detto *Christensen-Burley*, molto più dettagliato rispetto ai precedenti *Cubic* e *Gaussian*.

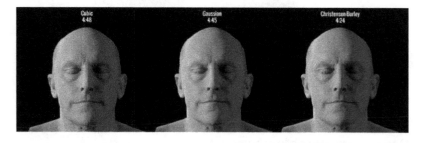

fig. 3 *Subsurface Scattering*

6

1.3.3. Implementazioni ai Nodi

Per quanto attiene i nodi, sono stati aggiunti:

a) il *socket* di ingresso *Tangent* al nodo *Hair BSDF*;

b) l'opzione *saw* (dente di sega) al nodo *Wave Texture*.

fig. 4 implementazione del profilo *Saw* nel nodo *Wave Texture*

1.3.4. barra di avanzamento dei processi di calcolo

Un utile miglioramento nell'interfaccia utente si può individuare nella finestre *Info* durante i processi di calcolo (renderizzazione, simulazioni). L'avanzamento del processo è ora molto più chiaro e preciso, espresso in percentuale in una barra di avanzamento all'interno della quale, avvicinando il puntatore del mouse è possibile visualizzare il tempo trascorso e la stima del tempo rimanente per il completamento.

fig. 5 barra di avanzamento del calcolo di una simulazione *Fluid*

1.3.5. OpenSubdiv Compute

Già dalla *release* 2.76, invece, è disponibile una interessante *feature* per la *3D view*, detta *OpenSubdiv Compute*, compatibile con *CPU, GPU* e *OpenCL*, che consente di ottenere un effetto a risoluzione più alta nella visualizzazione degli oggetti nell'area di lavoro. Le superfici appaiono più definite, ombreggiate e morbide, grazie a un calcolo ausiliario del processore selezionato nella voce omonima posta nel *tab System* all'interno della *User Preferences*.

fig. 6 scelta del processore deputato al calcolo della funzione *OpenSubdiv Compute*

Al fine di un corretto funzionamento è necessario che alla *mesh* in esame sia applicato il modificatore *Subdivision Surface* e che questo sia l'ultimo in cascata.

La funzione non è attualmente disponibile per computer *OSX*, a causa della restrittiva politica di Apple.

Dal menu a tendina è possibile scegliere tra una delle seguenti opzioni:

a) *None*, che disabilità l'elaborazione *OpenSubdiv Compute*;

b) *CPU*, che destina il processore al calcolo;

c) *OpenMP*, che implementa il multiprocessore della *CPU*;

d) *GLSL Transform Feedback*, che utilizza la *GPU* a ridotte performance per eseguire i calcoli;

8

e) *GLSL Compute*, che utilizza *GPU* ad alte *performance*.

Una volta attivata l'opzione delle proprietà di Blender, è finalmente possibile abilitare o disattivare l'opzione attraverso la spunta *Use OpenSubdiv* nel pannello del modificatore *Subdivision Surface*.

fig. 7 spunta dell'opzione nel pannello del modificatore *Subdivision Surface*

1.3.6. *Boolean* in *Edit Mode*

Una interessante implementazione, raggiungibile dal menu *Mesh - Faces - Intersect (Boolean)*, permette di eseguire le operazioni *booleane* in modalità *Edit Mode*, facendo attenzione che non vi siano facce sovrapposte, causa di artefatti e errori.

 ESERCIZIO n. 1: BOOLEANE IN EDIT MODE

Facciamo una piccola esercitazione.

Inseriamo nella scena un cubo e entriamo in *Edit Mode*. Deselezioniamo tutti i vertici con A, inseriamo quindi una sfera e scaliamola in modo che fuoriesca in parte dalle facce del cubo.

Con i vertici della sfera selezionati, andiamo in *Mesh - Faces* e scegliamo l'opzione *Intersect (Boolean)*.

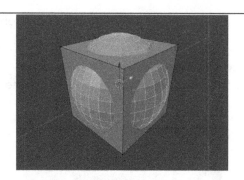

fig. 8 sfera e cubo in *Edit Mode*

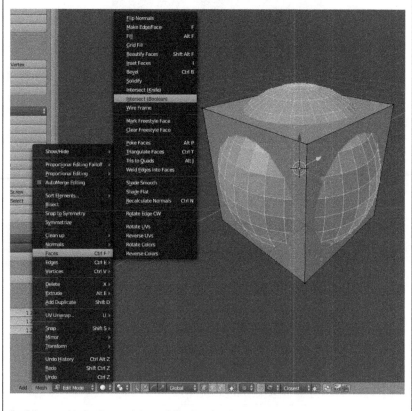

fig. 9 il menu *Mesh - Faces - Intersect (Boolean)*

Nella regione sottostante alla *Tools Shelf, Intersect (Boolean)*, è possibile definire la natura dell'operazione *booleana* scegliendo fra le opzioni *Union, Difference* e *Intersect*.

La spunta su *Swap* inverte il risultato dell'operazione, che ha significato solo con *Difference*.

fig. 10 la regione *Intersect (Boolean)*

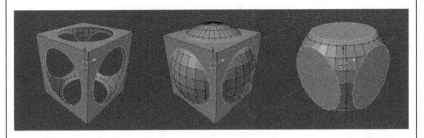

fig. 11 il risultato delle operazioni *booleane*, da sinistra verso destra: *Difference, Union, Intersect*

fig. 12 il risultato dell'operazione *booleana Difference* inversa con la spunta *Swap*

1.3.7. *Grease Pencil*

Le implementazioni al *Grease Pencil* sono invece determinanti per questo interessante strumento. Il disegno a mano libera diventa ora molto più semplice e potente grazie allo strumento *Stroke Sculpting* che permette letteralmente di "scolpire" le linee offrendo un enorme sbocco verso le animazioni 2D, in un vero e proprio *Edit Mode* dedicato.

Tratteremo dettagliatamente questo argomento nei prossimi capitoli, con esercitazioni esaurienti.

1.3.8. *Area Light Portal*

Area Light Portal è un'opzione che si attiva con la spunta Portal del *tab Data* relativo alla *Lamp Area*.

fig. 13 pannello *Lamp* del *tab Data*

Tale opzione, valida solo per le *Lamp* di tipo *Area*, è sprovvista di parametri come colore e intensità.

Queste fonti di illuminazione generalmente si frappongono fra illuminazione esterna (*Sun* ad esempio, ma anche *Environment*) e un ambiente interno, e si posizionando in corrispondenza delle aperture entro le quali filtra la luce, come ad esempio le finestre.

Portal contribuisce ad un miglior campionamento della luce ambientale, migliorando la convergenza dei raggi, come una lente.

Il risultato è un *render* più definito, con meno *fireflies* e illuminazione più chiara.

Questo sistema, benché potrebbe necessitare di un tempo di *rendering* lievemente superiore, nel far convergere la luce in modo più rapido e definito necessita, volendo, di un numero di campioni inferiore.

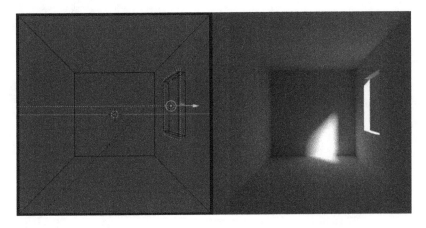

fig. 14 esempio di utilizzo di *Portal*

NOTA: Ricordiamo che, anche per questo volume, si considera il tasto sinistro del mouse come selezione.

2

APPLICAZIONI CON FREESTYLE RENDER

2.1. Non solo fotorealismo

Quando in *CG* si parla di *rendering*, nell'immaginario collettivo, si intende un'elaborazione, un processo di calcolo che fornisca una restituzione foto realistica di un'immagine o di una sequenza.

Questo è vero solo in parte, perché il fotorealismo è soltanto uno degli effetti finali che si può ottenere dal *rendering* di una scena 3D.

Tanto per fare un esempio, è possibile ottenere un'immagine (o una sequenza) semplicemente volumetrica, monocromatica, o fortemente distorta, o, più semplicemente, schizzata o scontornata, come nel caso di *Freestyle*.

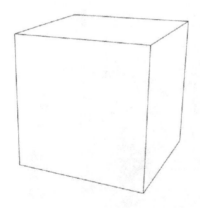

fig. 15 un cubo renderizzato con *Freestyle* mostra i contorni

Le applicazioni sono molteplici: ad esempio è possibile ottenere una restituzione grafica di una vista simulando lo stile di un disegno tecnico o uno schizzo a mano libera, piuttosto che un stile *cartoonistico*, o un mix fra differenti sili.

fig. 16 *render cartoonistico (OHA Studio © Mechanimotion Entertainment)*

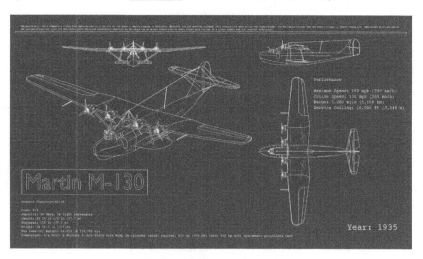

fig. 17 *render* in stile cianografia-disegno tecnico di un aereo *Martin M-130 by LightBWK*

NOTA: Nel *rendering* verranno ignorate le *mesh* prive di facce, mentre le facce trasparenti verranno invece considerate come opache.

18

2.1.1. Il pannello *Freestyle* del *tab Render*

Per attivare la funzione di renderizzazione *Freestyle* è necessario, come prima operazione, attivare la spunta del pannello *Freestyle*, posto nel *tab Render* della finestra *Properties*.

fig. 18 il pannello *Freestyle* del *tab Render*

In questo pannello, oltre all'attivazione propria della funzione, è possibile definire lo spessore del tratto con cui verranno disegnati i contorni e altri elementi della scena. Tale tratto può essere definito in due modi: assoluto (*Absolute*) in cui occorre specificare esclusivamente lo spessore della linea, espresso in *pixel (1* pixel *di* default); o relativo (*Relative*) in cui lo spessore verrà calcolato automaticamente e in modo proporzionale secondo l'altezza dell'immagine, considerando uno spessore di 1 *pixel per altezza di* 480 *pixel*, 1,5 per altezza di 720 *pixel*, 2 per altezza di 960 *pixel*, e così via.

NOTA: il risultato del *rendering* in *Freestyle* non è visibile in *preview* (SHIFT + Z), ma esclusivamente lanciando il processo di calcolo finale (F12).

Una volta abilitato *Freestyle*, le opzioni e le impostazioni di *rendering* si attivano automaticamente nel *tab Render Layer* della finestra *Properties*, all'interno di tre pannelli dedicati: *Freestyle*, *Freestyle Line Set* e *Freestyle Line Style*.

Vediamoli nel dettaglio.

2.1.2. Il pannello *Freestyle* del *tab Render Layer*

In questo pannello si definiscono i parametri base per la rilevazione dei bordi e dei contorni da visualizzare. Nel menu *Control Mode* sono disponibili due opzioni: *Parameter Editor Mode* che consente di definire manualmente le impostazioni; e *Python Scripting Mode* che consente di operare in *scripting* nel linguaggio di programmazione *Python*.

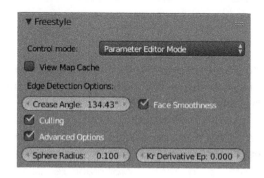

fig. 19 il pannello *Freestyle* del *tab Render Layer*

La spunta *Face Smoothness*, se abilitata, considera nel calcolo le facce smussate della *mesh*.

La spunta *Culling*, se abilitata, ignora il calcolo dei bordi non in vista, riducendo i tempi di calcolo.

Crease Angle determina l'angolo minimo tra le facce al fine di disegnare il bordo in renderizzazione.

Advanced Options attiva due ulteriori parametri:

- *Spere Radius*, che definisce i raggi di curvatura da visualizzare;

- *Kr Derivative Epsilon*, che definisce il controllo per ottenere contorni particolari e suggestivi.

20

2.1.3. Il pannello *Freestyle Line Set* del *tab Render Layer*

In questo pannello si definisce la visibilità delle linee che verranno renderizzate.

fig. 20 il pannello *Freestyle Line Set* del *tab Render Layer*

I 5 pulsanti **Selection By** permettono di determinare la metodologia di visualizzazione delle linee secondo:

a) *Visibility* (metodo in base alla visibilità dei bordi);

b) *Edge Type* (metodo in base alla tipologia degli spigoli);

c) *Face Marks* (metodo in base alle facce demarcate della mesh);

d) *Group* (metodo in base a oggetti raggruppati);

e) *Image Border* (metodo in base ai bordi dell'immagine).

Nella sezione **Visibility** è inoltre possibile determinare se debbano essere renderizzate:

- le linee in vista e non nascoste da superfici (*Visible*);

- le linee nascoste, in una sorta di semitrasparenza (*Hidden*);

- le linee nascoste da una serie di superfici in un intervallo specificato *Start* e *End* (*QI Range*).

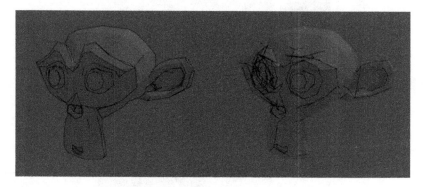

fig. 21 visualizzazione a confronto delle opzioni *Visible* (a sinistra) e *Hidden* (a destra)

Nella sezione **Edge Type** possono essere selezionati tutti i tipi di bordi che potranno essere renderizzati, attivando le relative spunte.

fig. 22 *Silhouette border* attivato

22

- *Silhouette* renderizza le sagome esterne degli oggetti chiusi;

- *Crease* renderizza solo i vertici tra facce che formano un angolo definito nel contatore *Crease Angle* nel pannello *Freestyle*;

- *Border* renderizza i bordi di *mesh* aperte come un cilindro senza faccia superiore o il contorno dell'occhio di *Suzanne*;

- *Contour* renderizza i bordi esterni e quelli interni superiori della *mesh*;

- *External Contour* renderizza i soli bordi esterni;

- *Suggestive Contour* renderizza bordi che dipendono dai parametri di *Viewmap Kr Derivative Epsilon* e *Sphere Radius*;

- *Material Boundary* renderizza e traccia un bordo di confine tra le facce di una *mesh* con materiali differenti assegnati;

- *Draws Ridge and Valley* renderizza bordi che sottolineano increspature e avvallamenti della *mesh*;

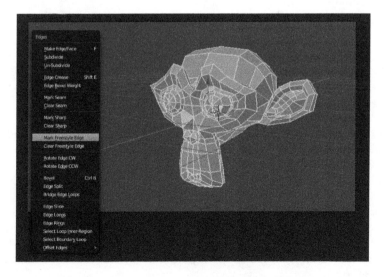

fig. 23 *Mark Freestyle Edge* degli spigoli selezionati della *mesh* in *Edit Mode*

23

- *Edge Mark* renderizza esclusivamente gli spigoli demarcati in giallo in *Edit Mode* con la combinazione di tasti CTRL + E e l'opzione *Mark Freestyle Edge*.

Lo *switch Inclusive/Exclusive* include o esclude gli spigoli tra le facce definite dalle opzioni del pannello, mentre *One Face/Both Faces* selezionano rispettivamente i bordi che hanno una faccia coincidente o più facce prossime. Lo schema sottostante, tratto da www.blender.org, chiarirà il concetto.

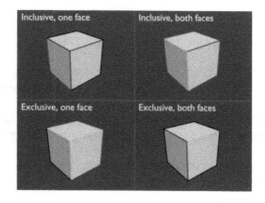

fig. 24 combinazione tra le opzioni *Inclusive/Exclusive* e *One Face/Both Faces*

In modo analogo agli spigoli, è possibile operare anche sulle facce (demarcate in *Edit Mode* con CTRL + E e l'opzione *Mark Freestyle Faces*. Le impostazioni *Inclusive/Exclusive* e *One Face/Both Faces* sono identiche alle precedenti.

Attivando *Group* è possibile infine definire un gruppo di oggetti (nell'apposita casella) che dovranno essere renderizzati in *Freestyle*.

2.1.4. il pannello *Freestyle Line Style* del *tab Render Layer*

Il terzo pannello disponibile, *Freestyle Line Style*, contiene tutti i parametri e le informazioni per gli stili di visualizzazione delle linee renderizzate.

24

Esso dispone di 6 principali controlli: il tratto (**Stroke**), il colore (**Color**), il canale trasparente (**Alpha**), lo spessore (**Thickness**), la forma (**Geometry**) e l'eventuale *texture* di riferimento (**Texture**).

Selezionando **Stroke**, il pannello attiva determinati parametri legati al tracciato della linea e alla resa finale in fase di *rendering*.

fig. 25 il pannello *Freestyle Line Style* del *tab Render* Layer impostato su *Stroke*

Attivando la spunta *Chaining*, si attivano le due modalità di definizione del tratto e concatenazione dei segmenti (come se si trattasse degli elementi in *Edit Mode* di una *mesh*), disponibili nel menu a tendina sottostante: *Plain*, metodo di concatenazione semplice; e *Sketchy*, che fornisce una risoluzione più simile a un tratto abbozzato, uno schizzo a matita o comunque a mano libera, generando rotondità e spessori variabili. Con quest'ultima opzione si abilita il contatore *Round*, in cui è possibile scegliere il numero dei tratti abbozzati.

Disattivando *Chaining* ogni segmento sarà considerato a sé stante.

La sezione *Splitting* offre la possibilità di scindere la concatenazione secondo alcune modalità:

- *Min 2D Angle* e *Max 2D* Angle dividono la concatenazione quando i bordi formano un angolo 2D rispettivamente inferiore o superiore a soglie predefinite dal valore *2D Length*;

- *Material Boundary* scinde la concatenazione in corrispondenza di variazione di materiale della *mesh*;

- la sequenza *D1 - G1 - D2 - G2 - D3 - G3* divide concatenazioni secondo un modello tratteggiato definito dai valori *D(x)* e *G(x)*, dove *D* sta per *dash*, ovvero trattino e *G* per *gap*, ovvero spazio vuoto;

- *Sorting* definisce l'ordine dei tratti, secondo alcuni parametri: il menu *Sort Key* sceglie il verso di ordine dei tratti; *Integration Type* determina l'intervallo di ordinamento; *Sort Order* consente di invertire l'ordinamento (*default / Reverse*).

Nella sezione *Selection* è possibile scegliere di renderizzare solo concatenazioni di lunghezza minima e massima definita dai valori *Min 2D Length, Max 2D Length* e *Chain Count*.

Nella sezione *Caps* è possibile definire la forma delle estremità del tratto tra *Butt, Round* e *Square*.

Selezionando **Color** è possibile gestire e controllare il colore dei tratti.

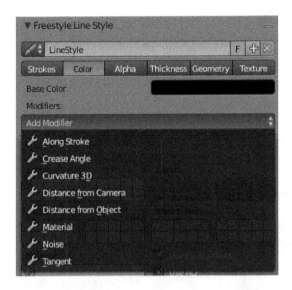

fig. 26 il pannello *Freestyle Line Style* del *tab Render* Layer impostato su *Color*

Come prima cosa è necessario definire il colore base (*Base Color*) dalla paletta sulla destra.

Inoltre alcuni modificatori possono determinare il comportamento del colore secondo specifici algoritmi.

Tra questi, che possono essere miscelato al colore di base, troviamo:

a) *Along Stroke* applica una *Color Ramp* nella lunghezza del tratto;

b) *Color Ramp*, simile al precedente, applica una *Color Ramp* generica al tratto;

c) *Distance From Camera* altera il colore con una *Color Ramp* secondo la distanza dal punto di vista della camera;

d) *Distance From Object* altera il colore con una *Color Ramp* secondo la distanza da un oggetto specifico;

e) *Material* modifica il colore di base miscelandolo con un colore preso dal materiale associato in quell'area;

f) *Noise* genera una colorazione casuale secondo un generatore di rumore;

g) *Tangent* basa il suo effetto sulla direzione di avanzamento del tratto, vertice per vertice.

Alpha abilita la trasparenza sul colore di base.

A questo è possibile aggiungere gli effetti degli stessi modificatori attivabili per *Color*.

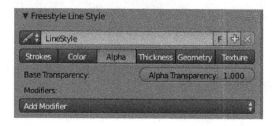

fig. 27 il pannello *Freestyle Line Style* del *tab Render* Layer impostato su *Alpha*

Thickness gestisce lo spessore del tratto.

Base Thickness definisce (in *pixel* lo spessore di base, mentre *Thickness Position* definisce la posizione dello spessore (come fosse un *offset*) rispetto al tratto, secondo 4 opzioni:

a) *Center* (al centro del tratto);

b) *Inside* (all'interno dei bordi dell'oggetto);

c) *Outside* (all'esterno dei bordi dell'oggetto);

d) *Relative* (applicato a Silhouette e Border, posiziona il tratto all'interno o all'estero dell'*edge* secondo un parametro variabile tra 0 (interno) e 1 (esterno).

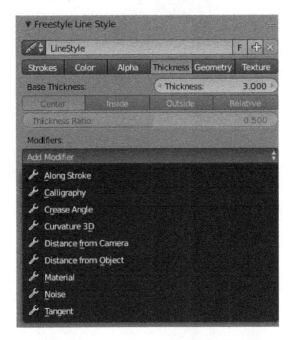

fig. 28 il pannello *Freestyle Line Style* del *tab Render* Layer impostato su *Thickness*

E' inoltre possibile assegnare dei modificatori (scelti dal menu) tra cui:

a) *Along Stroke* altera lo spessore lungo il percorso del tratto secondo una curva prestabilita;

b) *Calligraphy* genera spessori differenti a seconda dell'orientamento del tratto;

c) *Distance From Camera* genera spessori differenti secondo la distanza dal punto di vista della camera;

d) *Distance From Object* genera spessori differenti secondo la distanza da un oggetto specifico;

29

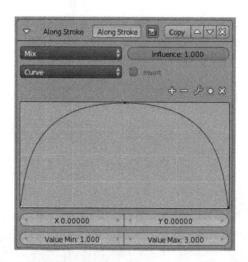

fig. 29 pannello del modificatore *Along Stroke*

fig. 30 risultato del modificatore *Calligraphy*

e) *Material* genera spessori differenti secondo un colore preso dal materiale associato in quell'area;

f) *Noise* genera spessori differenti secondo un generatore di rumore;

fig. 31 risultato del modificatore *Noise*

g) *Tangent* basa il suo effetto sulla direzione di avanzamento del tratto, vertice per vertice;

h) *3D Curvature* si basa sulle curvature radiali della superficie 3D sottostante e su queste definisce lo spessore del tratto;

i) *Crease Angle* definisce lo spessore in base all'angolo tra le due facce adiacenti;

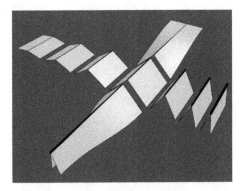

fig. 32 risultato del modificatore *Crease Angle*

Geometry controlla la geometria del tratto secondo l'influenza dei modificatori scelti dal menu a tendina.

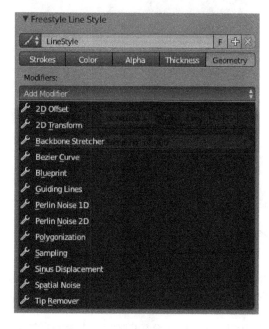

fig. 33 il pannello *Freestyle Line Style* del *tab Render* Layer impostato su *Geometry*

a) *2D Offset* aggiunge alcune compensazioni bidimensionali alla geometria;

fig. 34 risultato del modificatore *2D Transform*

32

b) *2D Transform* applica un ridimensionamento e/o una rotazione bidimensionale alla geometria;

c) *Backbone Stretcher* aggiunge un tratto predefinito ulteriore oltre la fine della linea;

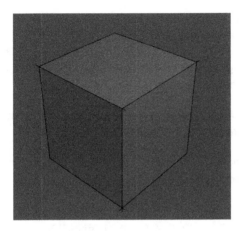

fig. 32 risultato del modificatore *Backbone Stretch*

d) *Bézier Curve* gestisce la geometria secondo una curva di *Bézier*;

e) *Blueprint* genera tratti simili a un disegno tecnico cianografico con contorni circolari, ellittici o quadrati;

fig. 35 risultato del modificatore *Guideline*

33

f) *Guideline* genera una spezzata di linee rette che collega le estremità;

g) *Perlin Noise 1D* aggiunge un rumore unidimensionale di tipo *Perlin* lungo il tragitto con un valore tra 0 e 1;

h) *Perlin noise 2D*, simile al precedente, genera un rumore di tipo *Perlin* bidimensionale;

i) *Sampling* modifica la precisione del tratto, variandone la definizione;

j) *Spatial Noise* aggiunge nello spazio lungo il percorso del tratto un rumore tangente ai punti della linea;

k) *Tip Remover* elimina brevi tratti della curva all'inizio e alla fine, generando interruzioni;

l) *Simplification* semplifica il tratto, rimuovendo vertici e generando maggiori spigolosità nel tratto.

Texture, per concludere, definisce lo stile del tratto attraverso una *texture* che può essere caricata da fonte esterna o scelta fra le procedurali del *tab Texture* della finestra *Properties*.

fig. 36 il pannello *Freestyle Line Style* del *tab Render* Layer impostato su *Texture*

2.1.5. visualizzazione in *wireframe*

Le combinazioni di visualizzazione dell'effetto a mano libera con altri effetti, come lo stesso fotorealismo, o quello tipico *cartoonistico*, sono davvero tante.

Logicamente è anche possibile (e in molti casi indicato) utilizzare questa forma di restituzione grafica anche da sola, eliminando le ombreggiature.

E' l'esempio classico della simulazione del disegno tecnico o di quello schizzato a mano libera.

Si tratta effettivamente di una forma di renderizzazione in *wireframe*.

Per impedire a *Cycles* di renderizzare le facce presenti nella scena, è necessario, una volta attivato e impostato secondo il proprio gusto il *Freestyle*, disattivare la spunta *Camera* dal pannello *Cycles Settings* del *tab Render* della finestra *Properties*.

In questo modo alla camera si impedirà di visualizzare gli oggetti, mantenendo nella vista esclusivamente i bordi.

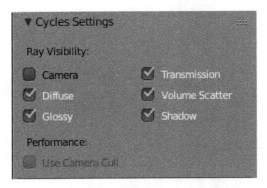

fig. 37 disattivazione della vista Camera dal pannello *Cycles Settings* del *tab Render* della finestra *Properties*

ESERCIZIO n. 2: RENDERIZZAZIONE IN FREESTYLE

Provate, in una vista di un modello 3D già realizzato, a disattivare da tutte le *mesh* visibili la spunta *Camera* e applicare il *Freestyle* secondo l'effetto che maggiormente desiderate.

fig. 38 renderizzazione a fil di ferro (*wireframe*) in *Freestyle* di una scena 3D di interni

3

GREASE PENCIL SCULPTING E ANIMAZIONE 2D

3.1. Una nuova funzionalità

Nel secondo volume avevamo descritto le funzionalità del *Grease Pencil*, descrivendo alcune delle applicazioni base.

Con la *release* 2.77 di Blender, è stato introdotta una nuova interessantissima funzionalità che amplia nettamente il campo d'azione di questo strumento da semplice matita per disegnare nella 3D view e sugli oggetti a vero e proprio studio di animazione 2D, con cui realizzare eccezionali cartoni animati.

Che Blender sia sempre stato un programma a largo raggio è ben noto, ma con questa novità implementa un nuovo ambito, di sicuro ulteriore sviluppo.

La novità sta nell'inserimento di una vera e propria modalità *Edit* del *Grease Pencil* con strumenti di *sculpting* con cui modificare, con l'ausilio di *brush* predefiniti, i tratti disegnati.

Si consiglia, per coloro intendano operare in questo settore, l'utilizzo di tavolette grafiche a penna o monitor *touch screen* (per altro funzionali anche in ambiente *Sculpt Mode* tradizionale) al posto del mouse.

fig. 40 tavolette grafiche *touch screen* (a sinistra) e tradizionale (a destra) della *Wacom*

3.1.1. Il pannello *Grease Pencil* della *Properties Bar*

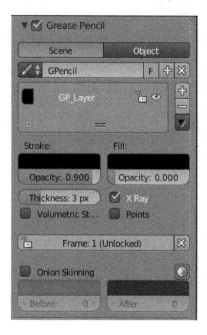

fig. 41 il pannello *Grease Pencil* della *Properties Bar*

Dalla *release* precedente, questo pannello non è variato molto, se non per l'aggiunta della spunta *Points* che, se attivata, visualizza sul tratto disegnato i vertici della spezzata, come punti di controllo per l'*editing*.

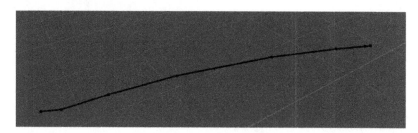

fig. 42 i vertici della linea visualizzati come punti di controllo con la spunta *Points*

3.1.2. Il *Tab Grease Pencil* della *Tools Shelf*

I due pannelli principali all'interno di questo *tab* di strumenti, vale a dire *Grease Pencil* e *Edit Strokes*, sono rimasti invariati con una sola nuova funzionalità del primo, ossia l'aggiunta della spunta *Additive Drawing* che, al momento della creazione di un nuovo *frame* per l'animazione, consente di sommare i contenuti del *frame* attivo precedente a quello nuovo.

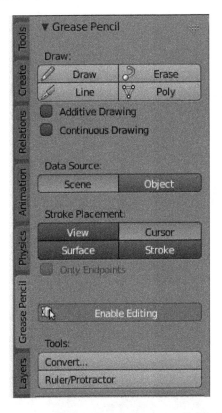

fig. 43 il pannello *Grease Pencil* all'interno del *tab Grease Pencil* della *Tools Shelf*

Non ci sono ulteriori strumenti nel pannello *Edit Strokes* che, come ricordiamo, si attiva cliccando sul pulsante *Enable Editing* del pannello *Grease Pencil*, premendo il tasto *TAB*, o scegliendo la modalità *Edit Strokes* nel menu dell'*header* della *3D view*.

41

Tecnicamente si entra in una sorta di *Edit Mode* del *Grease Pencil*, denominata **Edit Strokes**.

fig. 44 modalità *Edit Strokes*

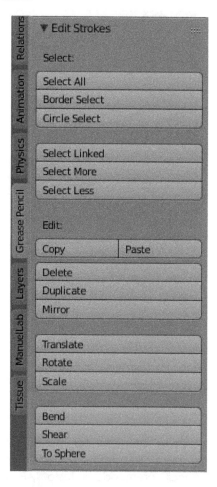

fig. 45 il pannello *Edit Strokes*

In questa modalità gli elementi (i punti) del tratto (*stroke*) possono essere modificati grazie agli strumenti del pannello *Edit Strokes* che permettono, lo ricordiamo, di selezionare, copiare e incollare, duplicare, specchiare, spostare ruotare e scalare, torcere e arrotondare i vertici e i segmenti del tratto stesso.

3.1.3. Il pannello *Sculpt Strokes*

La grande novità sta nella creazione di un nuovo pannello che racchiude gli strumenti di una nuova funzionalità applicata al *Grease Pencil*: lo *sculpting*.

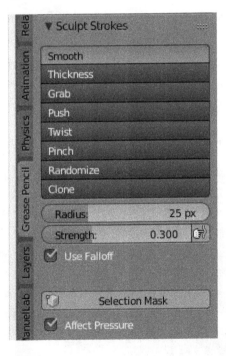

fig. 46 il pannello *Sculpt Strokes*

43

Questo pannello prende il nome di *Sculpt Strokes*, all'interno del quale sono disponibili ben 8 pulsanti che corrispondono ad altrettanti *brush* con effetto immediato sul tratto.

Di questi *brush* è possibile definire inoltre:

- il raggio di azione (*Radius*), espresso in *pixel* che determina l'influenza fra punti vicini del tratto;

- la forza dell'intervento (*Strength*);

- il decadimento della forza in relazione alla distanza relativa dal cursore (spunta *Use Falloff*).

Il pulsante *Selection Mask* permette di operare in *sculpting* esclusivamente sui vertici selezionati del tratto.

La spunta *Affect Pressure*, infine, influenza i valori della pressione della penna anche quando si opera in *smoothing* del tratto.

3.1.4. La *header* della *3D view* in modalità *Edit Strokes*

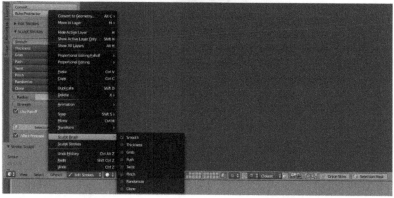

fig. 47 il menu *GPencil* della *header* della *3D view* in *Edit Strokes*

44

Nella *header* sono presenti i tipici menu di visualizzazione (*View*) e selezione (*Select*), in questo caso legati ai tratti del *Grease Pencil*.

Oltre a questi compaiono i tasti veloci *Onion Skins* e *Selection Mask* che ripetono le funzioni già descritte in precedenza.

Un terzo menu è dedicato in modo specifico agli strumenti del *Grease Pencil*, ribadendo le funzionalità degli strumenti presenti nella *Tools Shelf* e i menu per definire i *brush* e della scultura (*Sculpt Brush*) e per attivare la modalità *Sculpt Strokes*.

3.1.5. Pie Menu per il Grease Pencil

Le funzionalità del *Grease Pencil* sono riassunte e possono essere richiamate da un *Pie Menu* dedicato, richiamabile digitando contemporaneamente D W.

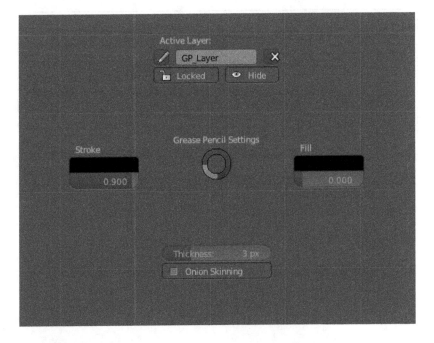

fig. 48 il *Pie Menu* in *Object Mode*

45

Da questo menu, è possibile agire direttamente sul layer corrente, sul colore e le opacità del tratto (*Stroke*) e del riempimento (*Fill*), sullo spessore e sulla scia durante le animazioni (*Onion Skinning*).

3.1.6. Shortcut per disegnare e scolpire

Come sempre, il metodo più veloce per operare in Blender è rappresentato dai tasti di scelta rapida (o *shortcut*).

Questi sono più che validi anche in ambito *Grease Pencil*. In particolare li riassumiamo di seguito.

a) In Object Mode

Una volta creato un nuovo *Grease Pencil Layer* nella *Properties Bar*, è possibile iniziare a disegnare in *Object Mode*.

D + LMB	Disegna nella *3D view* (il puntatore prende la forma di un pennello)
D + RMB	Strumento gomma da cancellare (il puntatore prende la forma di un cerchio tratteggiato rosato semitrasparente, la cui dimensione di influenza può essere regolata con WM)
CTRL + D + LMB	Disegna dei segmenti

b) In Edit Strokes

In questa modalità è possibile scolpire quanto in precedenza disegnato.

Come detto, si entra in tale modalità premendo TAB, cliccando su *Enable Editing* o dal menu *Mode* dell'header.

In *Edit Strokes* è possibile modellare, scolpire i tratti, ottenendo effetti di rigonfiamento, spostamento, stiramento, torsione, ingrossamento del tratto e arrotondamento della curvatura.

Per attivare i *brush* è sufficiente digitare contemporaneamente D E aprendo un *Pie Menu* specifico della modalità.

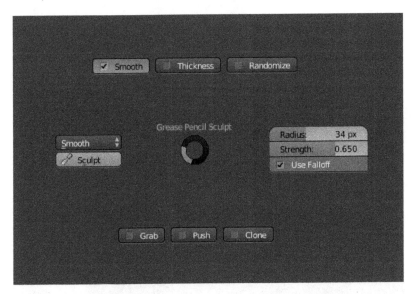

fig. 49 il *Pie Menu* in *Edit Strokes*

Da questo menu si possono scegliere rapidamente i *brush*, raggio d'azione, forza di incidenza sul tratto e, logicamente, attivare la scultura cliccando sul pulsante **Sculpt**. La forma del puntatore diventerà un cerchio (la cui area di incidenza sarà regolabile con WM).

Una volta attivata la scultura, con LMB si potrà quindi "scolpire" i tratti ottenendo l'effetto selezionato.

È possibile scolpire direttamente, senza passare dal *Pie Menu* combinando i tasti CTRL + E insieme a LMB.

Riassumiamo le *shortcut* nella tabella seguente:

CTRL + D + LMB	Scolpitura diretta
CTRL + E + LMB + WM oppure SHIFT + F	Incrementa o decrementa l'influenza del *brush* (*Strength*)
CTRL + F	Regola de dimensioni del *brush* (*Size*)
D E	Attiva il *Pie Menu*

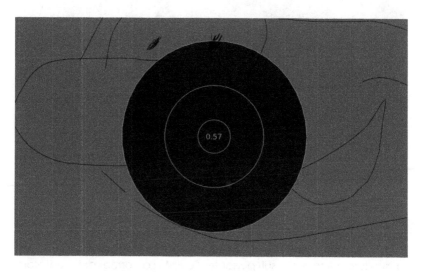

fig. 50 regolazione della forza (*Strength*) con SHIFT + F

3.1.7. i *brush*

Vediamo quali sono i *brush* e la loro specifica funzionalità.

La sensibilità (*Sensitivity*) con un ogni *brush* incide sul tratto dipende anche dalla pressione della penna sulla tavoletta o dal tempo con cui il puntatore del mouse insiste sullo stesso.

48

a) Smoothing

Questo *brush* serve per smussare, arrotondare il tratto, ottenendo asperità minori.

fig. 51 *sculpting* con il *brush Smoothing*

b) Thickness

Thickness regola lo spessore del tratto.

fig. 52 *sculpting* con il *brush Thickness*

c) Grab

Questo *brush* trascina letteralmente ogni singolo punto, ottenendo forme diverse del tratto.

fig. 53 *sculpting* con il *brush Grab*

d) Push

Simile a *Grab* spinge i vertici fuori dal percorso del tratto.

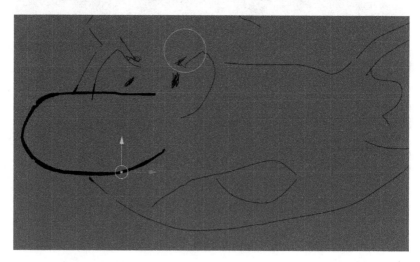

fig. 541 *sculpting* con il *brush Twist*

e) Twist

Torce il tratto effettuando delle rotazioni.

f) Pinch

Tira i punti verso il centro del brush.

g) Randomize

Sposta i punti al passaggio del brush in modo casuale.

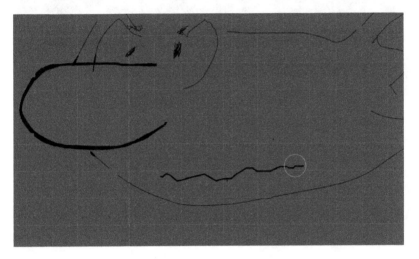

fig. 55 sculpting con il brush Randomize

h) Clone

Incolla nella posizione del puntatore del mouse (brush) i vertici del tratto precedentemente copiati in memoria con CTRL + C, in modo equivalente al comando CTRL + V.

51

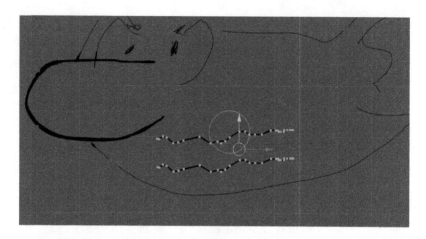

fig. 56 *sculpting* con il *brush Clone*

3.2. Animazione 2D con il Grease Pencil

Animare in 2D utilizzando il *Grease pencil* è sempre stato possibile con l'ausilio del *Dope Sheet*, ma con l'uso della scultura modificare i fotogrammi è più facile che mai.

Diventa più semplice e veloce modificare le espressioni o la posizione del corpo, semplicemente spingendo i tratti con cui sono disegnati.

fig. 57 la bellissima animazione 2D con lo *Sculpt Stroke* del *Grease Pencil*, realizzato da *Daniel M. Lara (Pepeland)*

ESERCIZIO n. 3: UNA PALLINA CHE RIMBALZA

Eseguiamo un semplice esercizio per mostrare la semplicità con cui è possibile animare in 2D utilizzando il *Grease Pencil* e le nuove funzionalità di scultura. Resta inteso che, come per qualsiasi argomento, la conoscenza tecnica non sempre va di pari passo con la capacità artistica e il gusto. Una persona molto abile a disegnare a mano libera potrebbe risultare maggiormente avvantaggiata nell'eseguire fotogrammi e animazioni.

Avviato Blender, eliminiamo dalla scena la luce e il cubo.

Selezioniamo la camera e posizioniamola al centro della scena impostando i valori della *Location* a x = 0; y = -5; z = 0.

Analogamente impostiamo la rotazione a: x = 90°; y = 0°; z = 0°.

Infine impostiamo la camera come *Orthographic* dal *tab Camera* della finestra *Properties*.

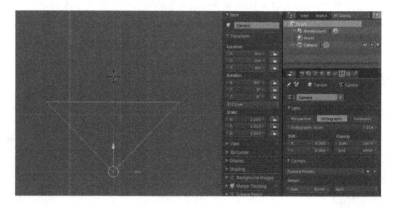

fig. 58 posizionamento della camera

Digitando 0 dal tastierino numerico, dovreste ottenere una vista come questa:

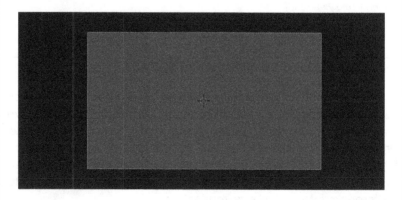

fig. 59 vista camera

Dalla *Properties Bar*, attiviamo il *Grease Pencil* e creiamo un nuovo *layer* che possiamo rinominare *"sfondo"*.

Impostiamo il colore come bianco, l'opacità al massimo e il *Thickness* a 30, quindi la spunta *Volumetric Strokes*.

Dalla *Tools Shelf* spuntiamo *Continuous Drawing* e clicchiamo sul pulsante *Draw*.

Con il pennellino clicchiamo all'interno della vista camera in tre punti differenti ottenendo tre grandi sfere bianche coprenti.

Assicuriamoci che l'intera area all'interno della vista camera risulti colorata di bianco.

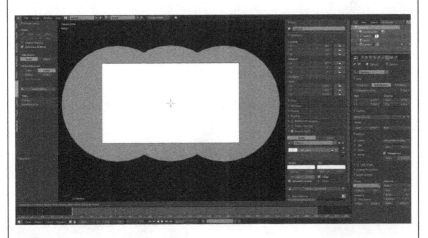

fig. 60 colorare lo sfondo

Cliccando sul pulsante +, aggiungiamo un nuovo *Grease Pencil Layer* che rinominiamo *"terreno"*. Impostiamo il colore come nero e l'opacità al massimo.

Clicchiamo sul pulsante *Line* nel *tab* della *Tools Shelf* e disegniamo una linea retta orizzontale, più o meno a due terzi in basso della vista camera.

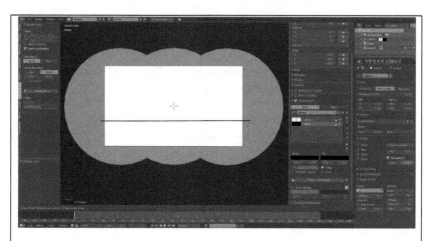

fig. 61 una linea orizzontale nera nel secondo *layer*

Inseriamo ora un terzo *layer*, che rinominiamo "*pallina*", di colore nero e opacità massima e disegniamo una piccola sfera in alto a sinistra della vista camera.

Con lo *Smooth Sculpting*, assicuriamoci che il suo contorno sia ben arrotondato.

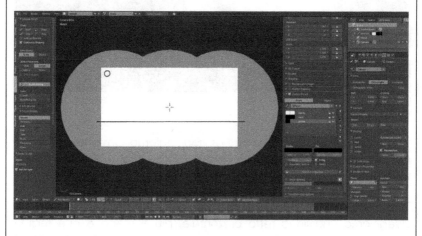

fig. 62 la pallina al *frame 1* all'interno del *layer* n. 3, adeguatamente smussata

A questo punto, al posto della *Timeline*, apriamo la finestra *Dope Sheet*, impostando la modalità su *Grease Pencil*.

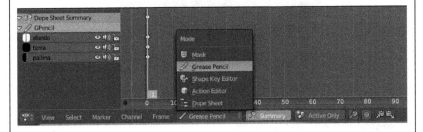

fig. 63 *Dope Sheet* impostato su *Grease Pencil*

Posizioniamoci al fotogramma 1.

Nel pannello *Grease Pencil* della *Properties Bar*, attiviamo l'opzione *Onion Skinning*, impostando il valore di 5 (*frames*) sui parametri *Before* e *After*.

Questi visualizzeranno una scia in sovrimpressione assai utile per visualizzare la posizione degli elementi nei fotogrammi precedenti 8in verde) e successivi (in blu) rispetto a quello corrente.

fig. 64 *Onion Skinning*

Nel *Dope Sheet*, selezioniamo gli eventi, duplichiamoli con SHIFT + D e spostiamo la copia al fotogramma 2.

Selezioniamo quindi gli eventi copiati e torniamo nella *3D view*, selezioniamo la pallina in *Edit* Strokes e con G spostiamola verso il basso e lievemente verso destra.

Si noti come in sovrimpressione verrà visualizzata la pallina nella posizione al fotogramma precedente di colore verde.

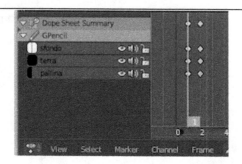

fig. 65 copia degli eventi al fotogramma 2

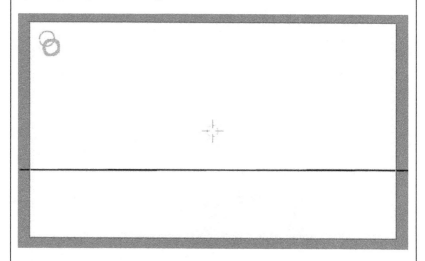

fig. 66 spostamento della pallina al fotogramma 2

Ripetiamo più volte l'operazione precedente, ottenendo una serie di fotogrammi in cui la pallina, cadendo disegnerà una parabola.

Ricordiamoci di spostarci ogni volta all'ultimo fotogramma.

Arrivati a terra, nel caso in questione attorno al fotogramma 9, proviamo a modificare la pallina schiacciandola e simulando la deformazione, utilizzando gli strumenti di scultura come ad esempio *Grab*, oppure semplicemente scalando con S + Z.

Copiamo il fotogramma con la pallina schiacciata almeno 2 volte, poi proseguiamo disegnando il rimbalzo con la pallina che tenderà ad allungarsi per poi ritornare alla forma iniziale dopo 3 o 4 ulteriori fotogrammi.

Se lo desideriamo possiamo aumentare sensibilmente i valori dell'*Onion Skinning* per visualizzare la scia di tutta l'animazione.

Nell'esempio dovremmo aver concluso l'animazione attorno al fotogramma 40.

Settate questo valore nel contatore *End Frames* all'interno del pannello *Dimensions* del *tab Render* della finestra *Properties*.

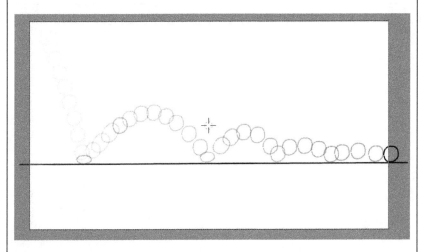

fig. 67 l'intera sequenza dell'animazione della pallina che rimbalza e rotola via

Torniamo al fotogramma 1 e con ALT + A lanciamo l'animazione.

Nel pannello *Output* della *Properties Bar* definiamo il formato video dell'animazione (ad esempio *.avi* o *. mpeg*) e impostiamo il percorso in cui andrà salvato il file finale.

fig. 68 impostazioni di *output*

Lanciamo quindi il *rendering OpenGL*, cliccando sull'icona nell'*header* della *3D view*. Il *file* di animazione generato verrà automaticamente salvato nel percorso precedentemente impostato.

4

ILLUMINAZIONE VOLUMETRICA

4.1. Introduzione

Nel volume 2, abbiamo trattato il discorso dell'illuminazione in modo esauriente, sia in ambiente Blender Internal, sia in ambiente Cycles.

Abbiamo poi ripreso il discorso in altre occasioni, illustrando altre tecniche (addon Pro Lighting Sky e Compositing), fino al capitolo 1 di questo volume con l'introduzione del Portal nell'ultima release di Blender.

Abbiamo rappresentato la luce attraverso fonti dirette di varie forme, pannelli riflettenti e illuminazione environment, tutte tipologie di illuminazione che ben si differenziano dall'illuminazione volumetrica, che tratteremo in questo capitolo.

Cosa si intende per illuminazione volumetrica?

Si tratta di un particolare effetto che si ottiene per riprodurre e rappresentare atmosfere mistiche, fumose, fasci di luce in cui ad esempio sia visibile del pulviscolo.

La maggior parte degli shader e degli output sulle luci è concepito sulle superfici, senza, cioè, tener conto del volume. Ciò significa che i raggi di luce colpiscono le superfici e non penetrano attraverso gli oggetti, a meno che non vogliamo specificamente che questo avvenga.

Ma in alcuni casi possiamo prevedere che l'interno di un oggetto sia oggetto a filtro dei raggi luminosi, come nel caso delle simulazioni di fumo e fiamme, nuvole o del Subsurface Scattering.

Affinché un raggio luminoso, oltre a produrre l'effetto di illuminazione di oggetti e ambienti sia anche visibile, è necessario che l'ambiente stesso venga considerato come un pieno e non solo come un involucro vuoto.

Per far sì che sia possibile la luce dovrà essere contenuta e filtrata all'interno di un solido (*volume*) il cui materiale sia legato al *socket* in ingresso *Volume* anziché *Surface* del nodo *Material Output*.

fig. 69 luce volumetrica

Immaginiamo quindi di dover aggiungere alla scena una vera e propria atmosfera con una certa densità.

 ESERCIZIO N. 4: ILLUMINAZIONE VOLUMETRICA – esempio 1

Creiamo una semplice scena, composta da una stanza con finestra e una fonte di illuminazione esterna.

Lanciamo Blender e, selezionato il cubo di *default*, modifichiamone le dimensioni.

Poniamo:

$x = 3; y = 10; z = 3.$

Azzeriamo quindi la scala con CTRL + A.

In *Edit Mode* selezioniamo poi tutti i vertici con A e invertiamo le normali, in modo che quelle positive risultino quelle interne al cubo.

64

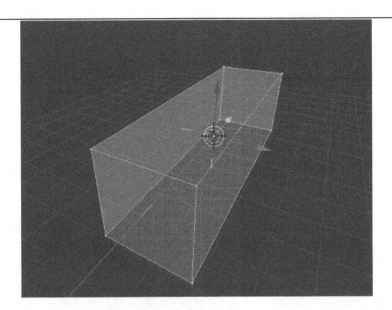

fig. 70 creazione della stanza

Sempre in *Edit Mode* creiamo 4 *loop* con CTRL + R, due orizzontali e due verticali, in modo da creare una finestra, generata dall'estrusione della superficie derivata dall'intersezione dei *loop*, verso l'esterno del solido.

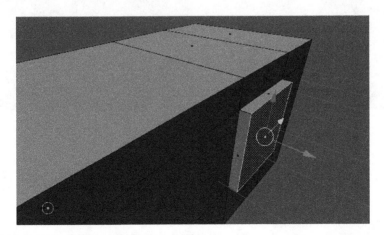

fig. 71 *loop* e finestra

Eliminiamo quindi la faccia.

Selezioniamo ora la camera e variamo sia la posizione, sia la rotazione della stessa.

Poniamo, per la posizione (*Location*):

$$x = 0; y = -4; z = 0;$$

e, per la rotazione (*Rotation*):

$$x = 90°; y = 0°; z = 0°.$$

In vista camera (0 NUMPAD), potremo constatare che avremo ottenuto una vista a prospettiva centrale all'interno dell'ambiente con la finestra su un lato.

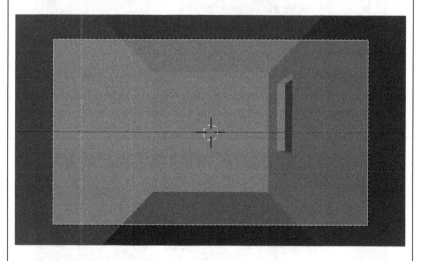

fig. 72 vista camera

Impostiamo ora la *Lamp* come *Spot*, stringendo l'angolo del cono e direzionandola in modo che filtri all'interno della finestra.

Impostiamo il *Size* del cono a 23,7° e posizione e rotazione come dall'immagine di seguito:

66

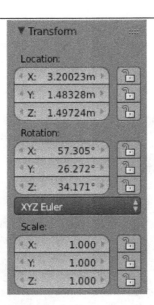

fig. 73 impostazioni di posizione e rotazione dello *spot*

Dovremmo ottenere un risultato simile a questo:

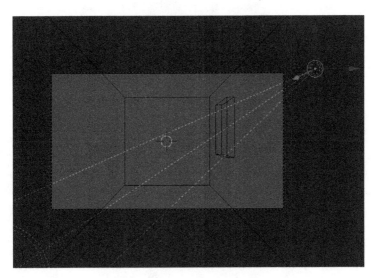

fig. 74 il fascio di luce penetra dalla finestra

Impostiamo l'intensità della fonte luminosa (*Strength*) a 300, posizioniamoci in vista camera (0 NUMPAD) e lanciamo il *rendering*.

Dovremmo ottenere un risultato simile a questo, con l'immagine della finestra che si stamperà sul muro.

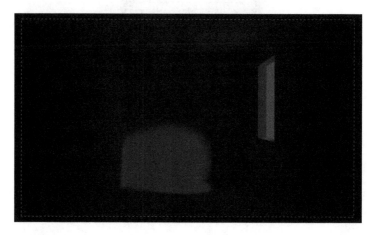

fig. 75 *render*

Non si tratta tuttavia di una luce volumetrica: nessun fascio di luce è visibile nella scena.

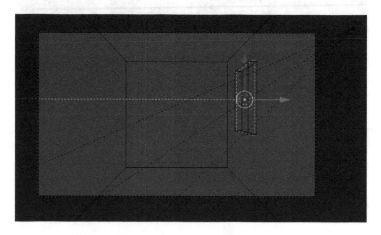

fig. 76 inserimento della *Portal*

Aggiungiamo nella scena una *Lamp* di tipo *Area* e spuntiamo *Portal*, quindi proporzioniamola e posizioniamola in corrispondenza dell'apertura.

Inseriamo un parallelepipedo che contenga l'intera scena e assicuriamoci che anche la luce vi sia compresa.

Questo rappresenterà un ambiente filtro, denso, che permetta di *vedere* effettivamente il fascio di luce.

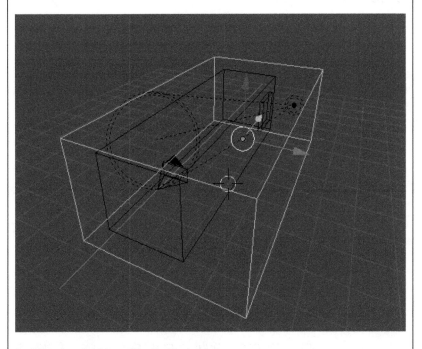

fig. 77 inserimento di un ambiente virtuale

A questo assegniamo al parallelepipedo un nuovo materiale, non associato alla superficie, ma al volume.

Colleghiamo al *socket* in ingresso *Volume* del nodo *Material Output* lo *shader Volume Scatter*, impostando il valore *Density* a 0.1.

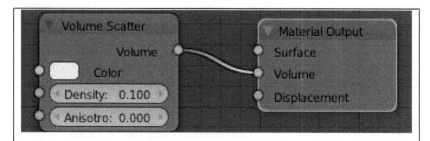

fig. 78 lo shader *Volume Scatter*

Per evitare che compaiano gli inevitabili *fireflies* durante la renderizzazione, nel pannello *Sampling* del *tab Render*, variamo il valore *Clamp Indirect*, impostandolo a 3.

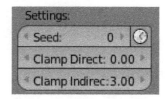

fig. 79 il *Clamp Indirect* impostato a 3 ridurrà sensibilmente i *fireflies*

In linea teorica, per simulare una luce proveniente dall'esterno, dovremmo utilizzare una *Sun*. Tuttavia allo stato attuale *Sun* non è perfettamente supportato dal *Volume Scatter*.

Dovremo operare con un trucco.

Selezioniamo la *Lamp Spot* e entriamo in *Node Editor*.

Aggiungiamo un nodo *Light Falloff* dal gruppo *Color* e connettiamo il *socket* in uscita *Constant* al *socket* in ingresso *Strength* del nodo *Emission*, impostando il valore 300.

In questo modo i raggi dello *Spot* saranno forzati in una direzione costante.

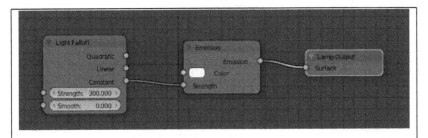

fig. 80 configurazione dei nodi della *Lamp Spot* impostata in modo da simulare un sole

Lanciando il *rendering* otterremo un fascio di luce visibile che penetrerà dalla finestra.

Provate a variare e a giocare sui parametri per ottenere effetti più interessanti.

fig. 81 *render* della scena

 ESERCIZIO N. 5: ILLUMINAZIONE VOLUMETRICA – esempio 2

Esiste un secondo metodo per ottenere luci volumetriche.

71

Invece di inserire un ambiente virtuale volumetrico, possiamo rendere volumetrico l'intero ambiente.

Entriamo nel *tab World* e, nel pannello *Volume* aggiungiamo uno *shader Volume Scatter*, impostando a 0.1 il valore *Density*.

Per rendere omogeneo l'effetto, spuntiamo *Homogeneous* nel pannello *Settings*.

Nello stesso pannello *Settings*, impostiamo come *Distance* il menu *Volume*, parametro questo maggiormente indicato per gli interni.

fig. 82 impostazioni del *Volume* del *tab World*

5

REALIZZARE UNA TEXTURE SEAMLESS CON BLENDER

5.1. Introduzione

Le *texture* rappresentano la croce e la delizia di tutti i *3D artist* che si cimentano nella mappatura e nella creazione dei materiali.

Sappiamo che, fino a che la le facce della *mesh* sono dal punto di vista dimensionale prossime alle dimensioni di una *texture*, quanto meno le ripetizioni saranno apprezzabili. Ad esempio, una distesa di sabbia, un prato, un terreno, un rivestimento di grandi dimensioni può risultare poco credibile per eccessiva ripetitività.

Oltre a questo, se la *texture* non si ripete in modo speculare in tutte le dimensioni, questo effetto diviene ancor più sgradevole, perché le ripetizioni appariranno interrotte bruscamente, senza soluzione di continuità.

In questo caso si parlerebbe di *texture non-seamless*, ovvero non ripetitive.

fig. 83 una *texture non seamless* mappata su una superficie si presenta ripetitiva e poco credibile

Una *texture seamless*, invece, si presenta in modo che, montata in sequenza sia in orizzontale, sia in verticale, risulti continua, sia tra destra e sinistra, sia tra alto e basso.

fig. 84 una *texture seamless* mostra soluzioni di continuità su tutti i lati

Ma come scegliere una *texture* e come fare per renderla *seamless*?

Innanzi tutto, poniamo alcuni punti fermi per una corretta scelta di una *texture*:

1) la *texture* dovrebbe essere di buona definizione e sufficientemente grande;

2) la *texture* non dovrebbe presentare zone eccessivamente riconoscibili, soprattutto se dovrà essere più volte ripetuta, come ad esempio legni con nodi e difetti della venatura troppo grandi;

3) la *texture* dovrebbe essere parte di un pacchetto che includa anche le corrispondenti *displacement* o *normal map* e *specular map*;

4) la *texture* dovrebbe essere possibilmente già *seamless*.

76

Ma come regolarci se avessimo la necessità di utilizzare proprio una determinata *texture* che non presenti soluzioni di continuità.

La risposta fondamentalmente è una sola: modificare la *texture* con uno specifico programma di fotoritocco, sia esso *Photoshop* o *Gimp*.

Ma quello che poche persone sanno e che l'amico e collega Francesco Andresciani ha scoperto e messo in pratica è che la manipolazione di una *texture* è effettuabile anche all'interno di Blender stesso, senza la necessità di utilizzare strumenti esterni, con una tecnica grossomodo identica a quella che avremmo utilizzato con i programmi di fotoritocco.

Vediamo di che si tratta con un esercizio pratico.

 ESERCIZIO N. 6: RENDER SEAMLESS UNA TEXTURE IN BLENDER

Supponiamo di avere la necessità di utilizzare questa *texture* di travertino per mappare una superficie molto ampia e di voler evitare che la ripetizione sia visibile nella vista.

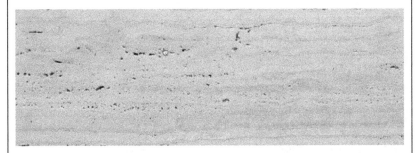

fig.85 la *texture* del travertino *non seamless*

Inseriamo nella scena un piano utilizzando l'*addon Image As Plane*, caricando la suddetta *texture*.

Nel *3D view* verrà visualizzato il piano già mappato e proporzionato secondo le dimensioni e la forma della *texture* applicata.

77

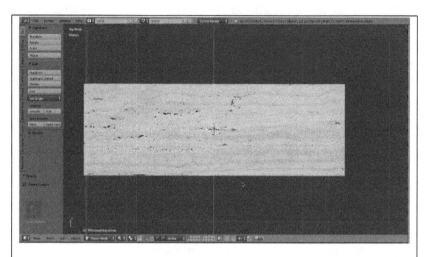

fig.86 il piano già mappato nella *3D view*

Nel *Node Editor*, aggiungiamo alla configurazione dei nodi automatica un nodo *Texture Coordinate* e un nodo *Mapping*, connessi tra loro e al nodo *Image Texture*, in modo da poter agire sul fattore di scala.

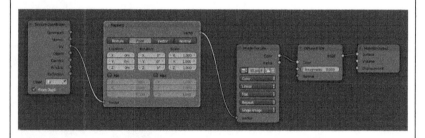

fig.87 configurazione dei nodi

Modifichiamo i valori di scala (*Scale*) x e y del nodo *Mapping*, portandoli a 2.

La *texture* sul piano si ripeterà due volte in orizzontale e altrettante in verticale.

Salta tuttavia subito all'occhio non continuità in corrispondenza dei margini esterni.

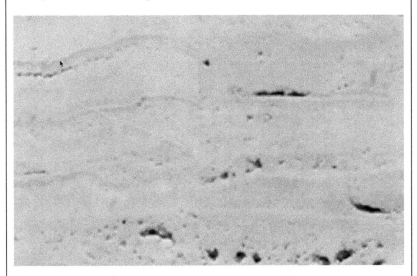

fig.88 la *texture* ripetuta mostra la non continuità

Riportiamo la scala a 1 ed entriamo in *UV Image Editor* e carichiamo dal menu la *texture*.

In *3D view* selezioniamo il piano ed entriamo in *Edit Mode*. Contestualmente nella *UV Image Editor* i 4 vertici della *mesh* si sovrapporranno ai margini della *texture*, in modo perfettamente coincidente.

fig. 89 i vertici della *mesh* sovrapposti alla *texture* nella *UV Image Texture*

Selezioniamoli e con il tasto G trasliamoli in diagonale in modo che il vertice superiore sinistro si posizioni grossomodo al centro della *texture*.

Nella *3D view*, l'effetto dello spostamento sarà visibile.

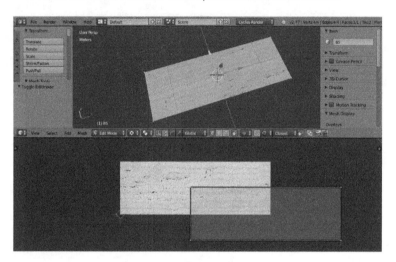

fig. 90 traslazione dei vertici della *mesh* nella *UV Image Editor*

Nella *3D view* entriamo quindi in modalità *Texture Paint*.

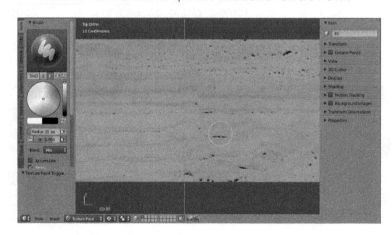

fig. 91 modalità *texture Paint*

Come sappiamo già, questa modalità ci dà la possibilità di disegnare direttamente sulla *texture*.

Nella *Tools Shelf* di questa modalità scegliamo il pennello *Clone*.

Questo *brush* permette di clonare parti di una *texture* in un'altra posizione della stessa.

fig. 92 il *brush Clone*

Esattamente come l'analogo strumento di *Photoshop* o *Gimp*, anche il *Clone* di Blender ha un punto di riferimento da cui copiare che, altro non è che il *3D Cursor*.

Proviamo a clonare la venatura del travertino posizionando il *3D Cursor* con RMB e trascinando poi il *brush* con LMB dal punto di interruzione in corrispondenza della ripetizione della *texture*.

È un procedimento che va ripetuto più volte e in diversi punti, che richiede molta pazienza e precisione, ma che, alla fine garantirà un risultato eccellente.

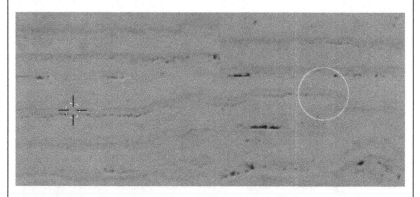

fig. 93 il *brush* ripeterà la venatura in corrispondenza del *3D Cursor*, a partire dal punto selezionato

Naturalmente è possibile variare di volta in volta le dimensioni del *brush* e l'intensità di intervento (*Strength*).

Nel complesso, sarà importante operare in corrispondenza delle giunzioni delle ripetizioni, accertandosi che venature e colore risultino quanto più possibile continue e naturali.

Al termine dell'operazione, che risulterà più o meno laborioso a seconda della natura della *texture*, otterremo una nuova *texture seamless*, pronta per essere mappata su superfici più grandi e senza che le ripetizioni risultino visibili.

Il risultato che dovreste avere ottenuto dovrebbe essere simile a quello in figura, con venature continue e, soprattutto la soluzione di continuità ai quattro lati della figura.

Provate ora ad assegnarla ad una superficie maggiore.

82

fig. 94 la *texture* resa *seamless*

Dobbiamo ora come salvare l'immagine con F3 ed, eventualmente, possiamo rendere la *texture* ancora più grande.

Innanzi tutto abbiamo bisogno di conoscere le dimensioni in *pixel* originali della *texture*.

Queste sono visibili nel pannello Image della *Properties Bar* della *UV Image Editor*, nel nostro caso 980 x 330.

fig. 95 le dimensioni dell'immagine

Impostiamo questi valori nella risoluzione nel pannello *Dimensions* del *tab Render* della finestra *Properties*, assicurandoci inoltre la scala al 100%.

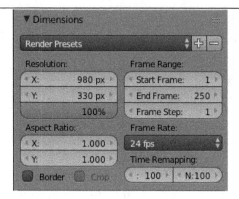

fig. 96 dimensionamento dell'immagine

Nella *3D* view, con la combinazione di tasti CTRL + ALT + 0 NUMPAD, posizioniamo la camera secondo la vista corrente (dall'alto).

Nella *Properties Bar* della *3D* view andiamo ora a modificare il posizionamento preciso della camera, impostando nel pannello *Transform – Location*:

$$x = 0; \ = 0; \ y = 0; \ z > 0 \text{ (ad esempio 1).}$$

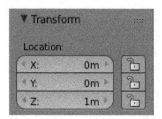

fig. 97 posizionamento preciso della camera

Andiamo infine ad impostare la camera come *Orthographic* e a ridimensionare l'inquadratura in modo che coincida perfettamente con i limiti dell'immagine.

Per questo possiamo intervenire per tentativi, variando il valore del contatore *Orthographic Scale* del pannello *Lens* del *tab Data*.

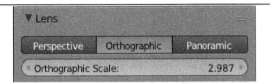

fig. 98 *Orthographic Scale*

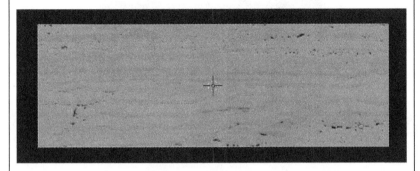

fig. 99 la camera coincidente con i bordi dell'immagine

Assicuriamoci di aver salvato l'immagine con F3 nella *UV Image Editor* e impostiamo come illuminazione della scena un semplice *Background* con un bianco assoluto, in modo da non influenzare la tonalità della *texture*.

Lanciamo infine il *rendering* con F12.

Al termine del processo otterremo una nuova *texture*, delle dimensioni doppie rispetto all'originale e soprattutto *seamless* che possiamo salvare con F3.

Ovviamente possiamo ripetere più volte l'intera operazione per ottenere una *texture* ancora più grande e più varia grazie al *Texture Paint*.

fig. 100 impostare l'illuminazione globale della scena dal *tab World*

6

COMPOSITING APPLICATO

6.1. Introduzione

Nel terzo volume abbiamo parlato di *Compositing*, come strumento utilissimo e spesso necessario per migliorare e modificare i nostri *render*, applicando effetti, e operando, all'occorrenza, separatamente sui livelli (*Render layer*).

Riprendiamo in questo nuovo capitolo il discorso, concentrandoci maggiormente su applicazioni pratiche ed esempi chiarificatori, al fine di mostrare le potenzialità e le applicazioni sul *Compositing*.

Abbiamo visto nel dettaglio tutti i nodi (e quindi gli strumenti) che questo ambiente può fornire per la post produzione di un progetto, ricordando che il *Compositing* non è propriamente un programma di fotoritocco.

Alcune funzioni di fotoritocco e foto inserimento sono possibili con Blender utilizzando gli strumenti presenti nella finestra *UV Image Editor* e in ambiente *Motion Tracking*.

In effetti, se proprio vogliamo trovare un punto "debole" in Blender è proprio la scarsa presenza di *tools* per la manipolazione delle immagini in 2D, che, si spera, in futuro potranno essere implementate, rendendo il *software* qualcosa di davvero completo.

Ma il *Compositing* serve ad altro e proveremo a mostrare alcune applicazioni con apposite esercitazioni.

Ad esempio, una tecnica maggiormente utilizzata è quella di lavorare sul colore delle immagini, sul contrasto, scindendo i canali *RGB*, e dell'isolamento delle fonti luminose e delle ombre.

Se provassimo a fotografare un ambiente interno con una finestra in controluce, dalla quale proviene la principale fonte illuminazione, ci accorgeremmo che, molto probabilmente, sia la messa a fuoco sia la nitidezza dell'esterno sarebbe nettamente distante rispetto a quella degli elementi all'interno, sui quali, molto probabilmente, concentreremmo la nostra attenzione.

La finestra si mostrerà probabilmente "accesa", altamente brillante, simile a un grande fare sfocato.

In *Compositing* è un effetto che è possibile riprodurre fedelmente con estrema semplicità.

C'è da ricordare che l'immagine (o la *clip*) da manipolare in postproduzione può derivare direttamente dal *rendering* (parleremmo allora di postproduzione del *Render Layer*) o da un'immagine esterna.

Nel primo caso, il processo di *rendering* trasporterebbe con sé in *Compositing* anche gli eventuali *Render Layer* e i filtri (*passes*) attivati.

Nel secondo caso potremmo operare esclusivamente sull'immagine finale composta (*composite*), sul canale *alpha* e sulla profondità *Z*.

ESERCIZIO N. 7: COMPOSITING SU CANALI SEPARATI DI UNA SCENA 3D RENDERIZZATA

Creiamo una scena molto semplice, composta da una *Monkey*, un piano e un *environment Sky Texture*.

Assegniamo un materiale a piacere a *Suzanne* (ad esempio un *Glossy*) e al piano (ad esempio il colore dell'orizzonte dell'*environment*).

Posizioniamo la camera impostando la vista migliore.

Cercheremo di fare in modo di avere il controllo separato sull'immagine, lo sfondo, le ombre, l'*Ambient Occlusion* (AO) e la foschia che andremo ad aggiungere, come visto nell'esercizio n. 31 del terzo volume.

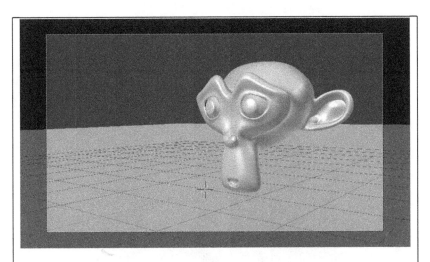

fig. 101 inquadratura della scena.

Attiviamo il parametro *Mist* nel *tab Render Layer* e nel pannello *Display* del *tab Data* della *Camera*.

Regoliamo quindi i parametri *Start* e *End* della nebbia in modo da risultare simili alla figura.

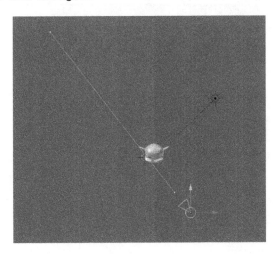

fig. 102 regolazione dei parametri *Start* e *End* di *Mist*

Infine nel pannello *Depth of Field* del *tab Data* della *Camera* impostiamo *Suzanne* come oggetto di messa a fuoco e l'apertura *Size* a 10 cm.

A questo punto entriamo dapprima nel *tab* Render e, nel pannello *Film* spuntiamo *Transparent* per rendere lo sfondo trasparente, quindi, nel *tab Render Layer*, spuntiamo tutte le caselle *Layer, Mist, Shadow, AO* e *Environment*.

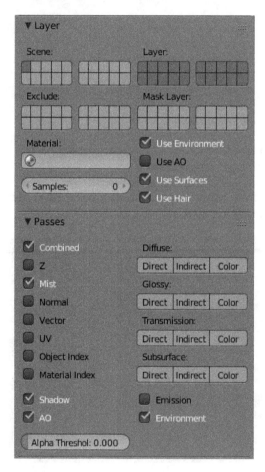

fig. 103 impostazioni dei parametri relativi al *Render Layer* lanciamo il *rendering* che avverrà per diversi passaggi, uno per ogni *pass* attivato, e terminerà con la miscelazione di *default* (*composite*).

Ognuno di questi passaggi sarà effettivamente un'immagine a sé stante, eventualmente salvabile separatamente.

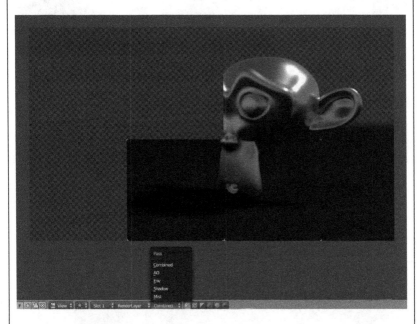

fig. 104 *rendering* dei vari *pass*

Al termine del processo, entriamo nel *Node Editor*, selezioniamo l'icona *Render layer*, spuntiamo *Edit Nodes* e *Backdrop*.

Dalla configurazione di nodi base (*Render Layers* connesso a *Composite*, aggiungiamo un nodo *output Viewer* per la previsualizzazione dell'immagine.

Notiamo subito che il nodo *Render Layer* disporrà di 6 *socket* di uscita, ognuno per ogni *pass* selezionato, vale a dire: *Image*, *Alpha*, *Shadow*, *AO*, *Mist*, *Environment*, ognuno dei quali corrisponderà a un *render* specifico.

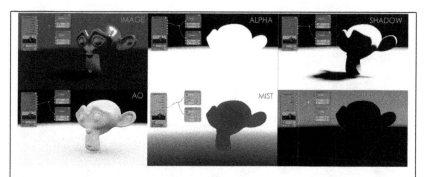

fig. 105 rappresentazioni dei vari canali che compongono l'immagine finale

Per prima cosa combiniamo l'immagine (composta dagli oggetti 3D nella scena) con lo sfondo (*Environment*). L'immagine di sfondo (per impostazione specifica nel pannello *Film* è stata impostata con lo sfondo trasparente.

Inseriamo un nodo *Alpha Over* connettendo le uscite del *Render Layer Image* e *Environment* rispettivamente ai *socket* gialli 2 e 1 del nodo *Alpha Over*.

Il parametro *Fac* (di *default* a 1) regolerà di fatto la presenza degli oggetti di scena.

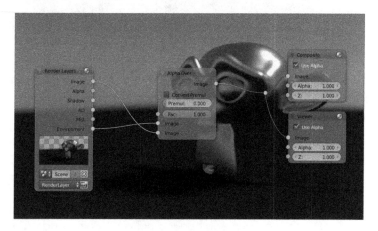

fig. 106 combinazione della scena con lo sfondo

Immaginiamo ora di voler ottenere un effetto brillante e luminoso del colpo di luce su *Suzanne*.

Copiamo con SHIFT + D il *Render Layer* e aggiungiamo due nuovi nodi: un *Filter Blur*, impostato come *Fast Gaussian* (del quale regoleremo i parametri di sfocatura *X* e *Y* a 7) e un nodo *Converter Math* (impostato come *Greater Than*) frapposto fra i due. Colleghiamo il *socket* in uscita *Image* con il *socket* di ingresso *Value* del nodo *Greater Than*; regoliamo il valore sottostante a 0.5 per filtrare i bianchi assoluti dall'immagine) e l'uscita del nodo al *socket* di ingresso *Input* del *Blur*.

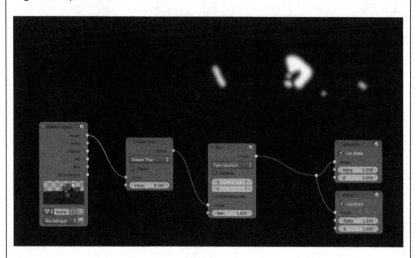

fig. 107 sfocatura dell'area illuminata di *Suzanne*

Tecnicamente, abbiamo isolato la zona più illuminata della scena, impostando che tutti i valori di luminosità dei pixel dell'immagine superiori a 0.5 siano sfocati nel senso *x* e *y* di un parametro costante pari a 7.

L'effetto ottenuto sarà di maggiore brillantezza e sfocatura dell'area luminosa.

Questa combinazione di nodi andrà mixata con *Fac* a 1, con l'uscita *Image* del *Render layer* originale, con un nodo *Color Mix*.

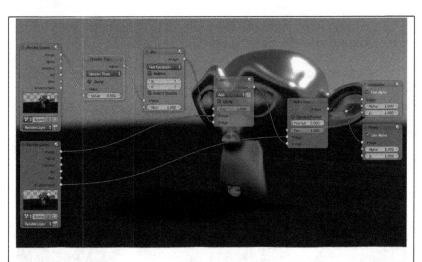

fig. 108 combinazione dell'immagine originale con la zona illuminata sfocata e con lo sfondo

Passiamo ora alle ombre.

Isoliamo l'uscita *Shadow* e connettiamola al *Viewer* per poter lavorare indisturbati su questo canale.

Aggiungiamo un nodo *Color Balance* fra Shadow e Viewer e regoliamo le tonalità scure (*palette* a sinistra) sul blu. Otterremo delle ombre bluastre.

Aggiungiamo un nodo *Color Multiply* e frapponiamolo fra l'Add e l'Alpha Over e l'*output*. Colleghiamo quindi Shadow al *socket Image* superiore e bilanciamo il *Fac* a 1.

Fino a questo punto potremmo iniziare a "leggere" la configurazione come una sovrapposizione (*Add*) tra l'immagine (oggetti della scena) e l'area illuminata sfocata, il tutto moltiplicato (*Multiply*) con il canale dell'ombra (*Shadow*). Questo blocco viene filtrato con il canale *alpha* e sovrapposto (*Alpha Over*) allo sfondo.

Sarà con lo stesso metodo che aggiungeremo l'*Ambient Occlusion* (AO) e la nebbia.

fig. 109 modifica della tonalità di colore dell'ombra

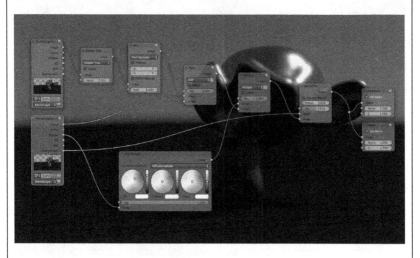

fig. 110 sovrapposizione dei nodi con le ombre

Le operazioni e le modifiche possono essere aggiunte all'infinito secondo i gusti, regolando via via i parametri e aggiungendo nodi, filtri, regolazioni e migliorie.

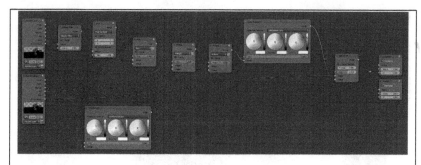

fig. 111 sovrapposizione dei nodi con le ombre e l'AO

Aggiungiamo infine, dopo il nodo *Alpha Over* un nodo *Color Mix* al quale collegheremo la nebbia *Mist*, regolando debitamente il parametro *Fac* per ottenere l'effetto desiderato.

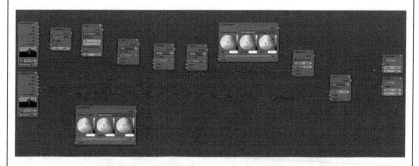

fig. 112 configurazione finale dei nodi

Torniamo nell'*UV Image Editor* e salviamo l'immagine.

Non ci sarà alcun bisogno di lanciare nuovamente il *rendering* in quanto l'immagine che sarà visualizzata nella finestra sarà già aggiornata in tempo reale, secondo le configurazioni dei nodi in ambiente *Compositing*.

fig. 113 *render* finale

 ESERCIZIO N. 8: COMPOSITING DI UN'IMMAGINE IMPORTATA

In modo analogo è possibile lavorare in postproduzione di una scena precedentemente renderizzata e salvata o di un'immagine esterna importata.

In una scena nuova di Blender, entriamo in *Node Editor*, attiviamo il *Render Layer*, spuntando *Use Nodes* e *Backdrop*.

Automaticamente compariranno di *default* i nodi *Render Layers* e *Composite*.

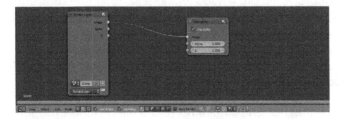

fig. 114 *Compositing* di *default*

Eliminiamo il nodo *Render Layer* e aggiungiamo un'immagine esterna.

Possiamo operare in due modi:

a) trascinando l'immagine all'interno del *Node Editor*;

b) richiamandola all'interno di un nodo *Input* Image dal *browser* che si aprirà cliccando su *Open*.

Carichiamo l'immagine *"Occhiali da sole.jpg"* e connettiamo il nodo *Image* a un *Viewer Output*.

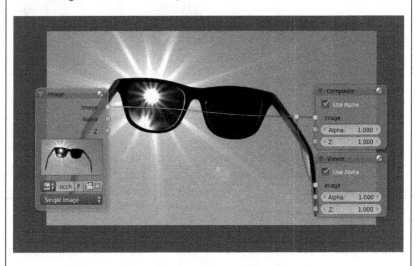

fig. 115 configurazione dei nodi di partenza di un'immagine esterna

Duplichiamo ora il nodo *Image* e isoliamo con l'aggiunta di un nodo *Converter Math*, impostato su *Greater Than*, le tonalità bianche del riflesso e il valore limite a 0.8.

Sfochiamo l'immagine risultante con un nodo *Blur*, impostato su *Fast Gaussian* con valori *X* e *Y* a 10.

L'immagine che otterremo sarà il riflesso con i raggi del sole sfocati e brillanti.

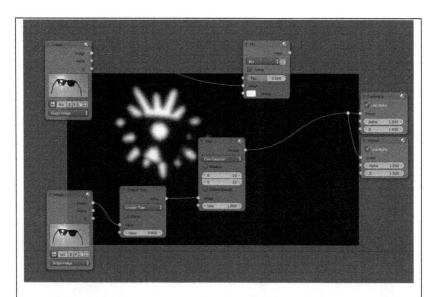

fig. 116 isolamento e sfocatura del riflesso e dei raggi del sole

Possiamo ora mixare al 50% l'immagine originale con quella del sole sfocato.

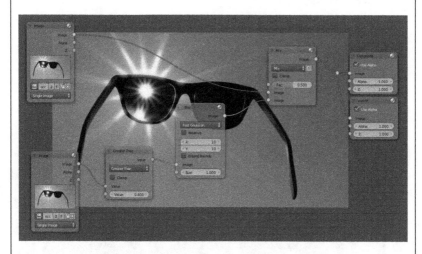

fig. 117 miscelazione delle due immagini

Aggiungiamo ora dei riflessi-fantasma alla scena.

101

Duplichiamo l'immagine e colleghiamola con un nodo *Filter Glare*, impostato come *Simple Star*, con *Quality Low*, 4 iterazioni, valore *Min* pari a 1, soglia *(Threshold)* a 0 e *Fade* (sfumatura) a 0.75.

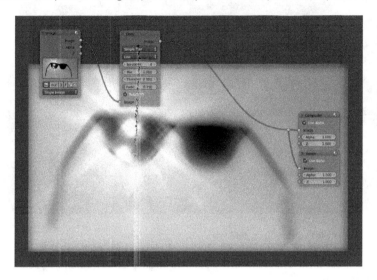

fig. 118 l'effetto del nodo *Glare*

Possiamo mixare il tutto con la configurazione precedente.

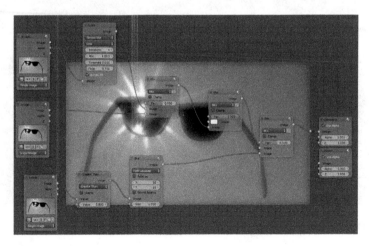

fig. 119 configurazione finale dei nodi

Per poter salvare l'immagine definitiva, sarà, in questo caso, necessario lanciare il *rendering* con F12. Il processo sarà pressoché immediato.

fig. 120 *render* finale

 ESERCIZIO N. 9: INSERIRE LA VIGNETTATURA

La vignettatura è uno speciale effetto, risultante di solito dalla minore esposizione dell'obiettivo di una fotocamera nelle aree più prossime agli angoli esterni.

Aggiungere la vignettatura ad un'immagine la rende più veritiera dal punto di vista del realismo.

La vignettatura, aumentata nell'effetto e delle ombre può essere anche utilizzata per simulare le foto d'epoca in cui l'immagine centrale risulta maggiormente nitida e chiara all'interno di ellisse sfumato, al di fuori del quale l'immagine si scurisce gradualmente.

fig. 121 vignettatura in una foto reale

Questo effetto è facilmente riproponibile in *Compositing*, creando una maschera ellittica sovrapposta all'immagine.

Carichiamo nella scena un'immagine e colleghiamola al nodo *Viewer*.

Possiamo duplicarla o collegare l'uscita color del nodo ad un nuovo percorso, da miscelare insieme al percorso diretto con un nodo *Color Mix Multiply*.

Inseriamo un nodo *Lens Distortion*, impostando la distorsione dell'immagine a 1 e la dispersione a 0.

Frapponiamo tale nodo tra il percorso alternativo dell'immagine e un nodo *Greater Than* il cui valore limite (*Value*) sia 0.

Questa operazione renderà netto l'ellisse che definisce il margine tra l'immagine nitida e l'area scurita marginale (vignettatura).

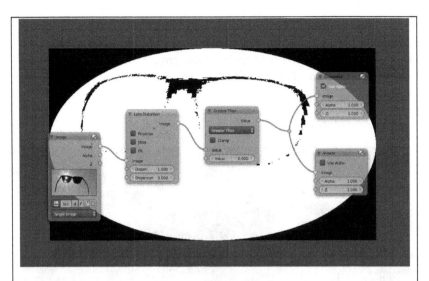

fig. 122 il percorso dell'immagine filtrata dalla maschera ellittica

Andiamo ora a sfocare l'ellisse in modo che i margini risultino poco netti. Aggiungiamo un nodo *Filter Blur*, impostato come *Fast Gaussian*. Spuntiamo *Relative* affinché la sfocatura si adatti alle dimensioni effettive dell'immagine e alziamo al 40% i fattori *X* e *Y* della sfocatura.

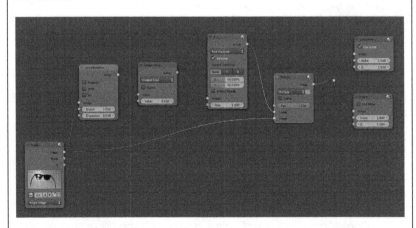

fig. 123 configurazione completa dei nodi per ottenere una vignettatura

Aggiungiamo di seguito un nodo *Color Mix* impostato come *Multiply* ai cui *socket* in ingresso *Image* collegheremo il percorso dell'immagine con la maschera appena creato (*socket* superiore) e il percorso dell'immagine originale (*socket* inferiore), con fattore *Fac* pari a 1.

Lanciamo il *rendering*.

fig. 124 *render* finale dell'immagine con vignettatura

6.1.1. Concludendo

La manipolazione in post produzione delle immagini con il Compositing è, in definitiva, un mezzo potente e pressoché illimitato con cui ottenere migliorie della qualità, effetti speciali, correzione del colore, profondità di campo e quant'altro.

Si consiglia di approfondire ulteriormente l'argomento, cercando in rete tutorial dedicati di alto livello.

Consigliamo, tra questi, oltre a quelli disponibili gratuitamente su www.blenderhighschool.it, gli esempi esaurienti (in lingua inglese) di Andrew Price (www.blenderguru.com) e Oliver Villar Diz (www.blendtuts.com), che metteranno in pratica ampie applicazioni sul Compositing, legate a progetti completi di alta qualità.

fig. 125 scena tratta da un tutorial di *Oliver Villar Diz*

fig. 126 scena tratta da un tutorial di *Andrew Price*

7

LE BASI DEL BLENDER GAME ENGINE (BGE)

7.1. Introduzione

Tra le numerosissime funzioni e applicazioni su cui Blender può essere dedicato in modo professionale, non è da meno un validissimo e completo *game development tool*, ossia uno strumento molto potente per lo sviluppo di videogiochi o, per estensione, di ambientazioni interattive.

Questo ambiente è detto *Blender Game Engine* (BGE) e dispone di un *editor* specifico, di apposite funzionalità e di un motore di un motore di *rendering* dedicato, detto appunto *Game Engine*.

fig. 127 *Yo Frankie* è il primo videogame realizzato con Blender

Risulterebbe alquanto riduttivo considerare il *Game Engine* di Blender come un semplice strumento per realizzare videogame. Questo complesso sistema trova, infatti, numerose altre applicazioni in ambito architettonico, archeologico, medico e scientifico. Si pensi ad esempio alla navigazione virtuale, controllata dall'utente, all'interno della ricostruzione di una città virtuale, di un appartamento, di un pianeta o sistema solare all'interno di un'astronave; alle simulazioni del

111

controllo di arti artificiali, a loro volta connessi a sistemi *hardware* in campo biomedico.

Insomma, Blender, con il suo *Game Engine*, permette tutto questo e lo fa in modo completo e professionale.

Per chi è abile con la programmazione in *Python*, inoltre, le possibilità si moltiplicano enormemente.

Ma il *BGE* dispone di un'interfaccia utente di tipo logico estremamente intuitivo, sufficientemente completa per creare le proprie interazioni, anche senza conoscere un solo comando del linguaggio di programmazione.

7.1.1. Perché scegliere Blender come *game development software*?

Anticipiamo la domanda prima che ve la poniate nella vostra testa.

Innanzi tutto esistono moltissimi applicativi, di vari livelli, destinati alla creazione dei videogame.

Tra questi **Unreal Development Kit** rappresenta un po' lo standard commerciale con cui è stata realizzata la gran parte dei *videogame* in circolazione. *UDK* è gratuito per uso non commerciale.

Unity, anch'esso free, rappresenta una buona alternativa, benché meno performante e si interfaccia perfettamente con Blender.

Per gli amanti del *punta-e-clicca* **Adventure Game Studio** ricalca lo stile dei giochi degli anni passati.

Molto ricco e indicato sia per i giochi 2D sia per quelli 3D è **Torque**, anch'esso gratuito e *open source*.

Perché allora scegliere Blender come *game engine*?

"Perché no?" è la prima risposta che ci viene in mente.

Benché l'interfaccia di programmazione sia meno "grafica" rispetto a *UDK* o *Unreal*, *BGE* è altamente professionale e performante e soprattutto integrato. I modelli 3D creati all'interno di Blender stesso possono essere utilizzati in tutto e per tutto nel motore di gioco, così come i materiali, il *rigging* e la fisica.

Tutto in casa, insomma, sempre uscire dal programma, caratteristica quasi unica e assente negli atri *software*. Questa è la grande forza di Blender: rimanere all'interno, dalla modellazione, all'illuminazione, al *mapping*, alle simulazioni, con strumenti svariati e di altissima qualità, mantenendo il livello qualitativo sempre costante. Cosa non da poco.

fig. 128 l'interfaccia grafica di *Unreal Development Kit (UDK)*

A questo punto abbiamo una panoramica e possiamo finalmente cominciare il viaggio all'interno del fantastico mondo dell'interattività con Blender.

7.2. Il Game Logic Editor

Vero cuore del *BGE* è una speciale finestra detta *Logic Editor*, la cui icona è rappresentata da un piccolo *joystick*.

Tra le configurazioni di *default* dell'interfaccia, Blender, come sappiamo offre dei *layout* predefiniti, richiamabili dal menu *Screen Layout* dalla finestra *Info*.

fig. 129 *layout Game Logic*

Scegliendo **Game Logic** dal menu a tendina, l'interfaccia si modificherà in una configurazione di finestre specifiche, tra le quali spicca il *Logic Editor*, disposta nella sua parte inferiore.

Ma il *BGE* non è in alcun modo compatibile (almeno non ufficialmente) con altri motori di *rendering*, neppure con *Blender Internal* e *Cycles*. Sarà necessario selezionare il motore dedicato detto **Blender Game** dal menu *Engine to Use for Rendering* della finestra *Info*.

fig. 130 selezione del motore di *rendering* dedicato al *Game Engine*

114

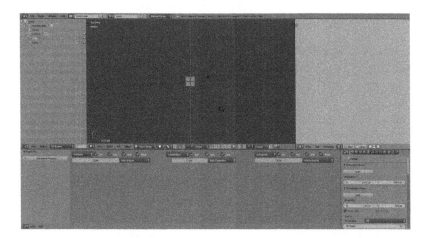

fig. 131 interfaccia utente predefinita per il *BGE*

Selezionando *Blender Game* come motore di *rendering* dedicato al *gaming*, si modificheranno moltissime finestre, pannelli e menu, che andremo ad analizzare poco per volta.

7.2.1. La *header* del *Game Logic Editor*

Per prima cosa, come abbiamo sempre fatto per tutti gli altri *editor* di Blender, andiamo ad analizzare la *header* del *Logic Editor*, che dispone di due soli menu a tendina: **View**, dal quale massimizzare l'area di lavoro come per qualsiasi finestra e attivare o disattivare la *Properties Bar* dedicata (in alternativa premendo il tasto N); e **Add**, dal quale è possibile aggiungere nel *Logic Editor* gli strumenti fondamentali che compongono l'interfaccia di gioco, detti *Logic Bricks*. Ne esistono di tre tipi: *Sensors*, *Controllers* e *Actuators*.

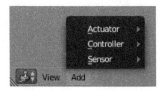

fig. 132 la *header* del *Logic Editor*

115

7.2.2. Logic Bricks

Se il *Logic Editor* rappresenta il pannello di controllo dell'intero motore di gioco, i *Logic Bricks* sono gli effettivi strumenti per la programmazione dello stesso. Combinabili tra loro, in modo non dissimile ai *nodi* del *Node Editor*, e specificandone le varie funzionalità, è possibile costruire una vera e propria "*logica di gioco*", attraverso la quale viene definita e poi rappresentata graficamente l'interazione degli oggetti nella scena.

fig. 133 i *Logic Bricks* all'interno del *Logic Editor*

Sono disponibili 3 tipi di *Logic Bricks*: **Sensors** (sensori), **Controllers** (controllori) e **Actuators** (attuatori).

Nel *Logic Editor*, i *Logic Bricks* sono rappresentati sempre incolonnati in tre colonne. Sulla sinistra vi è la lista dei *Sensors*, al centro quella dei *Controllers* e a destra quella degli *Actuators*.

La logica è molto semplice: i sensori attendono un impulso proveniente dall'utente. Questo impulso può essere la pressione di un tasto, il movimento del mouse, la combinazione di eventi, una collisione fra oggetti. Quando l'impulso attiva il sensore, questo invia un segnale al controllore che lo analizza e ne valuta le condizioni operative. Se queste sono soddisfatte, attiva l'attuatore, il quale interagisce con gli oggetti e riproduce il comando assegnato e la simulazione. Ad esempio, alla pressione del tasto UP ARROW, il controllore invia un segnale all'attuatore che sposta verso l'alto la navicella spaziale.

Le tre colonne dei *Logic Bricks* si presentano con altrettante intestazioni (*Logic Brick Header*) poste in cima, pressoché costanti a seconda del tipo di *Logic Brick*.

116

fig. 134 la *Logic Brick Header*(di tipo *Sensors*)

In ogni intestazione, in alto a sinistra, è presente un menu a tendina che indica la natura del *Logic* Brick (Sensors, Controllers o Actuators) e che contiene 4 voci: *Hide/Show Sensors/Controllers/Actuators* (che contrae o espande la lista dei *Logic Bricks*) e *Hide/Show Objects* (che nasconde o mostra gli oggetti contenuti nei *Logic Bricks*).

Subito di seguito, vi sono 4 spunte:

- *Sel* mostra o nasconde tutti i *Sensors/Controllers/Actuators* relativi all'oggetto selezionato;

- *Act* mostra o nasconde soltanto i *Sensors/Controllers/Actuators* relativi all'oggetto attivo nella scena;

- *Link* mostra o nasconde i *Sensors/Controllers/Actuators* dotati di un collegamento;

- *State* (non disponibile per i *Controllers*) mostra o nasconde soltanto i *Sensors/Actuators* collegati allo *State* attivo.

La casella in cui di *default* è indicato il nome *Cube* indica l'oggetto o gli oggetti selezionati nella scena. Cliccando su esso, la casella diviene grigia scura e attiva i *Logic Bricks* ad esso associati.

Per aggiungere un *Logic Brick*, quindi una specifica funzione logica associata a un oggetto, e incolonnarlo al di sotto dell'intestazione corrispondente, è sufficiente cliccare sul menu sulla destra dell'intestazione *Add Sensor/Controller/Actuator*, attivando la lista dei *Logic Bricks* disponibili.

117

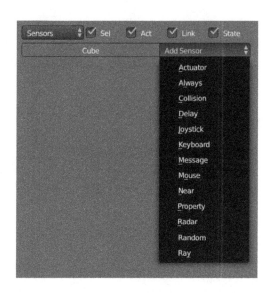

fig. 135 la lista dei *Sensors* disponibili

Cliccando sul *Logic Brick* scelto, questo verrà aggiunto alla cascata, al di sotto dell'intestazione.

fig. 136 *Logic Bricks*

Tutti i *Logic Bricks*, siano essi di natura *Sensors*, *Controllers* o *Actuators*, dispongono di una specifica *header* personale, definita, da sinistra verso destra, da una freccia (che minimizza o contrae il *Logic Brick*; da un menu che specifica il sottotipo di *Logic Brick* scelto e dal quale è possibile cambiarlo con un altro; da una casella di testo che indica il nome proprio del *Logic Brick*, eventualmente modificabile e personalizzabile cliccando all'interno con LMB; da una puntina (non disponibile per i *Controllers*) che serve a mantenere visibile il *Logic Brick* anche se non collegato ad un altro *Logic Brick*; una spunta che attiva o disattiva il *Logic Brick*; e una X che serve per eliminare il *Logic Brick*.

118

Inoltre tutti i *Logic Bricks* dispongono di *socket*. In particolare, i *Sensors* dispongono di un solo *socket* in uscita (a destra); i *Controllers* di un *socket* in entrata (alla sua sinistra) e uno in uscita (alla sua destra); gli *Actuators* di un solo *socket* in ingresso (a sinistra).

I *socket* in uscita sono rappresentati da un forellino nero, mentre quelli in ingresso da un piccolo connettore circolare grigio.

Per collegare un *socket* in uscita con un *socket* di ingresso attraverso un "*cavetto*" virtuale nero è sufficiente trascinare con LMB il mouse a partire da un *socket* e terminare la corsa su un altro, esattamente in modo analogo ai nodi. Il "*cavetto*" si aggancerà automaticamente.

Logicamente non è possibile collegare ingressi con ingressi o uscite con uscite.

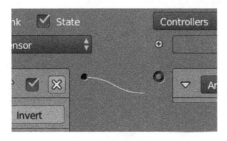

fig. 137 collegamento fra due *Logic Bricks*

Per scollegare due *Logic Bricks* è sufficiente utilizzare il coltello (come per i nodi), tenendo premuto CTRL e trascinando il mouse simulando l'atto fisico di "*recidere*" di netto il "*cavetto*".

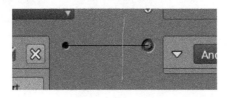

fig. 138 scollegamento fra due *Logic Bricks*

7.2.3. Sensors

Come detto, i sensori (o *Sensors*) recepiscono input esterni e definiscono eventi specifici da inviare al *Controller*, che verificano che questo sia soddisfatto e lo segnalano a loro volta all'*Actuator* che esegue l'operazione.

Questa tipologia di *Logic Bricks*, oltre all'*header* dedicata, dispone di una serie di opzioni comuni, quali:

- 2 pulsanti in alto a sinistra, rappresentati da 3 puntini in alto o in basso, che definiscono se la condizione sia positiva (*True*) o negativa (*False*). Il *Controller* rimarrà attivato o disattivato per la durata della condizione *True* o *False*;

- il contatore *Skip* definisce il numero delle spunte da saltare tra due impulsi attivi, dove 0 invia impulsi per tutte le spunte attive; *n* salta *n* spunte fra due impulsi;

- Lo *switch Level / Tap* rispettivamente permettono di regolare l'impulso (attivabile solo per alcuni *Sensors*) e variare il segnale da positivo a negativo solo per un istante quando l'input esterno risulta positivo (in pratica accende e spegne il segnale fino a che non si verifichi la condizione di *True*);

- il *pulsante Invert* inverte il senso dell'invio dell'impulso.

fig. 139 il *Sensor Actuator*

Scorriamo ora il funzionamento e le caratteristiche di tutti i *Sensors* disponibili.

120

ACTUATOR

Questo sensore rileva l'eventuale impulso di un qualsiasi attuatore (sia esso di attivazione o disattivazione di un evento), rendendo ciclica una concatenazione di *Logic* Bricks e inviando a sua volta il segnale di vero o falso al relativo *Controller*.

Questo *Sensor* dispone di una sola opzione, rappresentata da un menu a tendina con icona a forma di *joystick* tra cui scegliere l'attuatore desiderato, come, ad esempio, un mouse.

ALWAYS

fig. 140 il *Sensor Always*

Questo *Sensor*, che non dispone di alcun parametro dedicato, riconosce input frequenti.

COLLISION

fig. 141 il *Sensor Collision*

Il *Sensor Collision* rileva la presenza di collisioni fra oggetti, inviando al *Controller* un impulso positivo.

Dispone delle seguenti opzioni di controllo:

- il pulsante *Pulse* consente all'oggetto in collisione di risultare sensibile ad ulteriori collisioni con altri oggetti;

- il pulsante *M/P* determina se la collisione avviene con un materiale o una qualsiasi altra proprietà dell'oggetto, specificata dal campo *Property* sulla destra

DELAY

fig. 142 il *Sensor Delay*

Determina un ritardo (*delay*) o l'invio all'infinito al Controller di un impulso positivo (*True*).

- *Delay* ritarda il segnale di *n* fotogrammi prima di emettere un segnale positivo;

- *Duration* (espresso in fotogrammi al secondo, *fps*) definisce il numero dei fotogrammi oltre i quali il sensore interromperà l'invio del segnale positivo, inviandone invece uno negativo;

- la spunta *Repeat* forza il *Sensor* a ripetere l'operazione ciclicamente all'infinito.

JOYSTICK

Questo *Sensor* riceve i segnali provenienti dai pulsanti di un joystick.

122

fig. 143 il *Sensor Joystick*

- Il contatore *Index* (valori disponibili tra 0 e 7) assegna un numero di riconoscimento ai diversi *joystick* installati nel sistema operativo;

- il menu a tendina *Event Type* permette invece di impostare e definire ogni singolo pulsante del *joystick* in questione tra:

- *Single Axis*, che rileva la variazione di movimento lungo un singolo asse del *joystick* attivando i controlli *Axis Number* (che definisce l'asse per il quale si considera un movimento, dove con 1 si intende l'asse sinistra-destra, 2 avanti-indietro, 3 sopra-sotto, 4 torsione) e *Axis Threshold* (che definisce infine la soglia di azione del *joystick* con un valore tra 0 e 32.768);

- *Hat* riceve l'input derivato dalla pressione di un pulsante del *joystick*. Questa opzione attiva: quale pulsante utilizzare (*Hat* Number, con variabili 1 o 2); la spunta *All Events* (che rileva ogni movimento del pulsante in oggetto); il menu a tendina *Hat Direction* (che definisce una delle opzioni di movimento);

- *Axis* che riceve l'input derivato dal movimento lungo uno specifico asse selezionato, definito da: *Axis Number* (l'asse selezionato, 1 o 2), *Axis Threshold* (la soglia di azione tra 0 e 32.768), la spunta *All Events* (che rileva

123

ogni movimento del pulsante in oggetto); il menu a tendina *Axis Direction* (che definisce una delle opzioni di direzione);

- *Button* rileva la pressione di uno dei 18 pulsanti disponibili del *joystick*. Il numero dipende dai *joystick* in commercio. Di *default* sono disponibili i primi 6 pulsanti: 1 = grilletto; 2 = centrale dietro; 3 = sinistra dietro; 4 = destra dietro; 5 = sinistra dietro sopra; 6 = destra dietro sopra.

KEYBOARD

fig. 144 il *Sensor Keyboard*

Questo sensore rileva la pressione di un tasto (definito dalla casella *Key* alla pressione della casella con input di attesa *"Press a key"*) o di un qualsiasi tasto, attivando il pulsante *All Keys*.

E' inoltre possibile far rilevare al *Sensor* la pressione contemporanea di più tasti (fino a tre), individuando il secondo e il terzo, dopo la definizione del primo, nelle caselle *First Modifier* e *Second Modifier*.

124

La casella *Log Toggle* definisce le proprietà in cui registrare quanto digitato in una specifica stringa di testo, mentre *Target* definisce le proprietà ricevute se registrate nella stringa di testo.

MESSAGE

fig. 145 il *Sensor Message*

Questo *Sensor* riceve un messaggio di testo, specificato nella casella *Subject*, e invia un impulso positivo al *Controller*.

MOUSE

fig. 146 il *Sensor Mouse*

Mouse è un sensore utile per rilevare i movimenti e gli impulsi provenienti dal mouse.

Questo sensore dispone di un solo controllo, definito dal menu a tendina *Mouse Event*, al cui interno sono disponibili 8 eventi a scelta:

- *Mouse Over Any* attiva l'impulso al passaggio del mouse al di sopra di un oggetto di una scena. È possibile definire l'oggetto per materiale o proprietà;

- *Mouse Over* invia un impulso quando il mouse passa al di sopra dell'oggetto indicato come oggetto del sensore;

- *Movement* invia l'impulso ogni qualvolta il mouse si muove;

- *Wheel Down* attiva l'impulso ruotando WM indietro;

- *Wheel Up* attiva l'impulso ruotando WM in avanti;

- *Right Button* invia un impulso alla pressione del tasto destro (RMB);

- *Left Button* invia un impulso alla pressione del tasto sinistro (LMB);

- *Middle Button* invia un impulso alla pressione del tasto centrale (MMB).

NEAR

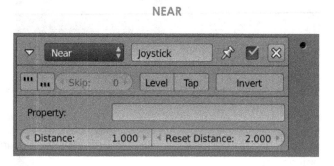

fig. 147 il *Sensor Near*

Near riceve e invia l'impulso quando l'oggetto indicato nella casella dell'*header* si trova ad una determinata distanza definita da *Distance* da altri oggetti nella scena.

126

Nel capo di testo *Property* è possibile filtrare oggetti e proprietà, mentre *Reset Distance* rappresenta la distanza dagli oggetti che interrompe l'azione (inviando quindi un impulso negativo).

fig. 148 il *Sensor Property*

Le *Properties* sono funzioni variabili legate ad un oggetto, che contengono informazioni e dati proprietari dell'oggetto stesso.

Il *Sensor Property* rileva variazioni di tali funzioni variabili e invia l'input al *Controller*.

Questo *Sensor* risulta assai utile per recepire e valutare valori numerici relativi ad un evento, come il raggiungimento di un livello critico del serbatoio che accende la spia della riserva.

La logica del *Sensor* è molto intuitiva: relativamente all'oggetto specificato nella casella di testo dell'*header* del *Logic Brick*, il valore limite che scatena l'evento va inserito nella casella *Value* (ad esempio il livello critico della benzina, nel caso del serbatoio in riserva); nella casella *Property* si inserisce la proprietà specifica dell'oggetto (ad esempio la benzina), mentre dal menu *Evaluation Type* si sceglie una delle opzioni disponibili tra cui:

- *Equal*, che paragona come uguali i valori *Property* e *Value*;

- *Not Equal*, se i due valori sono differenti;

- *Interval*, che attiva due valori *Min* e *Max* entro i quali la *Property* deve trovarsi per soddisfare l'evento e inviare l'impulso;

- *Changed*, se la *Property* varia il suo valore iniziale;

- *Less Than*, se il valore assegnato alla *Property* è inferiore a quello definito in *Value*;

- *Greater Than*, se il valore *Property* supera quello definito in *Value*.

RADAR

fig. 149 il *Sensor Radar*

Questo *Sensore* riceve un segnale e invia l'impulso quando l'oggetto specificato si avvicina ad altri oggetti, eventualmente filtrati dalle proprietà indicate nella casella Property, entro una certa distanza definita da *Distance* all'interno di un compasso definito tra l'asse specificato nel menu *Axis* e l'angolo specificato nel contatore *Angle*.

RANDOM

fig. 150 il *Sensor Random*

Questo *Sensor* genera impulsi casuali definiti da un algoritmo compreso fra 0 e 1000, il cui numero di partenza può essere definito dal parametro *Seed*.

RAY

fig. 151 il *Sensor Ray*

Questo utile *Sensor* invia un raggio nella direzione dell'asse definito dal menu *Axis* e attiva un impulso se il raggio colpisce un oggetto. La distanza del raggio è definita dal parametro *Range*.

Il menu a tendina con l'icona a forma di *joystick* consente di impostare un filtro legato al raggio, tra *Property* (da inserire manualmente) o *Material*, da scegliere tra i materiali della scena.

Il pulsante *X-Ray Mode* permette di non considerare e oltrepassare gli oggetti non filtrati.

> **NOTA:** Il *BGE* non supporta la fisica *Soft Body*. Pertanto i *Sensors* non saranno in grado di rilevare oggetti soffici.

7.2.4. Controllers

I *Controllers* verificano le condizioni ricevute dai *Sensors* e le trasmettono agli *Actuators* per ché siano eseguite.

Tecnicamente, per operazioni molto semplici nella formula "se si verifica x, esegui y", sembrerebbero non avere molto senso, ma a seconda di come vengono impostati, possono mettere in relazione due o più *Sensors* e inviare il comando a molteplici *Actuators*.

Possono essere considerati come funzioni di verifica, simili alle operazioni algebriche.

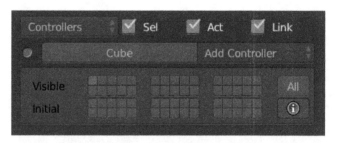

fig. 152 la *Logic Brick Header*(di tipo *Controller*)

La *header* della colonna relativa ai *Controllers* non differisce molto dalle altre due, se non per l'assenza della spunta *State* e per la presenza di una sezione (detta *States Masks*)che si attiva cliccando sul piccolo pulsante circolare + sulla sinistra della *header* dei *Logic Bricks Controllers*.

Questa sezione è divisa in due parti. Quella superiore, *Visible* contiene 30 caselle che rappresentano i primi 30 *Controllers* da visualizzare. Perché un *Controller* sia visibile, la casella corrispondente deve essere accesa (di colore arancio) con la pressione di LMB. Il pulsante *All*, sulla destra, accende tutte le caselle e visualizza tutti gli *States*.

La parte inferiore della sezione, *Initial* definisce lo stato iniziale dei 30 *Controllers* all'avvio del gioco.

Il pulsante con la *i* cerchiata in blu, se premuto, stampa le informazioni di *debug* del motore di gioco.

Cliccando sul pulsante *Add Controller* si incolonnano in cascata i vari *Controlli* di cui sono disponibili 8 tipologie differenti, che andremo fra poco ad analizzare.

Ogni *Controller* dispone di un *socket* in ingresso (a sinistra) e uno in uscita (a destra), tra i quali sono disponibili alcune opzioni.

- il triangolino bianco sulla sinistra espande o contrare il *Controller*;

- il menu permette di scegliere il *Controller* fra gli 8 disponibili (e di visualizzare quello corrente);

- la casella di testo definisce il nome del *Controller*, che può essere modificato. La modifica può essere utile nel definire dettagliatamente la sua funzione;

- il menu numerico successivo definisce l'indice dello stato (*State*) assegnato (tra 1 e 30);

- il pulsante a icona con la cartellina e il segnalibro, permette, se premuto, di contrassegnare il *Controller* per essere eseguito prima di quelli non contrassegnati, ad esempio all'avvio di un gioco. Alla pressione del pulsante, questo cambia immagine e viene rappresentato da un foglio con una "*F*";

- La casella di spunta imposta come attivo lo stato del *Controller*;

- La *X* elimina il *Controller*.

fig. 153 il *Controller And*

Si tratta del *Controller* più semplice.

Questo riceve il segnale dal *Sensor* e, se positivo, lo invia all'*Actuator*.

Ai *socket* di ingresso e uscita possono essere collegati rispettivamente più *Sensors* e più *Actuators* che risiedono nel suo stesso *State*.

La funzione *and*, che significa "e", permette di controllare la contemporaneità della condizione positiva gli impulsi che riceve da uno o più *Sensors*, prima di trasmetterli, se positivi, agli *Actuators*.

OR

fig. 154 il *Controller Or*

Il *Controller Or* differisce dal primo per la sola funzione di scelta tra gli impulsi positivi provenienti da uno o più *Sensors* a esso connessi. Questo *Controller* trasmette l'impulso di agire all'*Actuator* o agli *Actuartors*, se riceve un impulso positivo da un *Sensor* o da uno o più altri indipendentemente.

NAND

fig. 155 il *Controller Or*

Nand sta per *"negative and"*. Questo *Controller*, infatti, esegue la funzione di controllo opposta rispetto al *Controller And*, inviando l'impulso negativo se riceve contemporaneamente impulsi positivi da uno o più *Sensors*, o viceversa.

NOR

fig. 156 il *Controller Nor*

Analogamente al precedente, *Nor* esegue l'operazione opposta a *Or*, inviando l'impulso all'*Actuator* o agli *Actuators*, solo e soltanto nel caso in cui uno o più *Sensors* inviano un impulso e non tutti.

XOR

fig. 157 il *Controller Xor*

Xor invia un impulso positivo all'*Actuator* o agli *Actuators* solo se uno dei *Sensors* collegati invia un impulso positivo e non tutti.

XNOR

fig. 158 il *Controller Xnor*

Xnor invia un impulso positivo all'*Actuator* o agli *Actuators* indipendentemente se gli impulsi dei *Sensors* siano tutti positivi o negativi, mentre nel caso in cui un solo impulso giunga positivo, viene trasmesso un impulso negativo.

EXPRESSION

fig. 159 il *Controller Expression*

Il *Controller Expression* valuta la veridicità dell'impulso ricevuto comparandolo con un'espressione digitata dall'utente nell'apposita casella di testa. Se risulta verificata (*True*), la trasmette all'*Actuator* o agli *Actuators*.

Le espressioni che possono essere inserite possono essere matematiche (includendo i simboli di calcolo), proprietà, istruzioni dei linguaggi di programmazione, i nomi dei *Sensors* o combinazioni tra questi.

Ad esempio è possibile digitare:

Keyboard = *False* IF *Fuel* < 1,

cioè: "non accettare controlli per il movimento dell'auto da tastiera se il serbatoio è quasi vuoto".

fig. 160 il *Controller Python*

L'uso di questo *Controller* è legato al linguaggio di programmazione *Python*.

È possibile definire la veridicità di uno o più *Sensors* attraverso uno *script* o un modulo caricato nell'apposita casella con il simbolo del *block notes*.

Nel caso in cui si scelga di caricare un modulo (*Module*), apparirà sulla destra un pulsante con una *D* che, se premuto, caricherà il modulo continuamente durante l'esecuzione del *game*.

Il file esterno (di estensione **.py*) deve essere contenuto nella stessa *root* ove risiede il *file *.blend*.

7.2.5. Actuators

fig. 161 *Logic Brick Header*(di tipo *Actuator*)

135

I *Logic Bricks Actuators* chiudono la configurazione di un percorso logico e mettono esecuzione un determinato evento o un'azione, una volta ricevuto un impulso positivo.

La *header* dei *Logic Bricks Controller* è identica a quella dei *Sensors*.

Dal menu *Add Actuator* è possibile scegliere tra i 17 *Actuators* disponibili.

Ogni singolo *Actuator* dispone di una testata comune agli altri (freccina di espansione/minimizzazione, menu di scelta, casella di testo on il nome, puntina, spunta di stato, tasto *X* di cancellazione) e di un *socket* in ingresso sul lato sinistro a cui connettere i *Controllers*.

Vediamo nel dettaglio quali sono i 17 *Actuators*, le loro funzionalità e le loro impostazioni.

ACTION

fig. 162 l'*Actuator Action*

Il primo *Actuator* è *Action* che, una volta ricevuto l'impulso positivo dal *Controller*, produce una animazione specifica.

136

La modalità di animazione è definita dal menu a tendina a sinistra. Sono disponibili 6 modalità:

- *Play* riproduce un'animazione dall'inizio alla fine, anche se riceve impulsi negativi;

- *Ping Pong* esegue un'animazione andata e ritorno finché riceve impulsi positivi. In caso di impulsi negativi, termina l'animazione senza chiudere il *loop* terminandola al percorso di sola andata;

- *Flipper* esegue l'animazione fino a che riceve un impulso positivo, al termine del quale l'animazione è pronta a ripartire dal fotogramma di partenza;

- *Loop Stop* esegue l'animazione fino a che riceve un impulso positivo, al termine del quale l'animazione si interrompe a un determinato fotogramma, pronta a ripartire da questo ad un nuovo impulso positivo. *Actuator* specifico, ad esempio, per generare il controllo di un'azione di un personaggio che prosegue il suo percorso o la sua azione quando riceve un comando;

- *Loop End* esegua l'animazione senza fermarsi alla ricezione di un impulso positivo e la termina in ogni caso, anche se l'impulso diviene negativo;

- *Property* genera un'animazione specificata da una *Property*.

Vi sono altri parametri disponibili.

- il pulsante *Force* applica un'animazione all'oggetto come una forza e abilita il pulsante *L* che determina se utilizzare le coordinate locali (se attivato) o globali (se disattivato) dell'oggetto;

- il pulsante *Add* somma la forza al fotogramma corrente.

- la casella di testo con gli eventi disposti a triangolo (*Action Name*) permette di scegliere quale azione utilizzare;

- la spunta *Continue* genera l'esecuzione in ciclo;

- *Start Frame* e *End Frame* definiscono il *frame* di partenza e di chiusura dell'animazione;

- la spunta *Child* aggiorna l'operazione agli eventuali figli dell'oggetto nelle parentele, se presenti;

- il contatore *Blendin* definisce è utile per eseguire azioni morbide e non brusche alle variazioni, definendo il numero di *frame* di passaggio fra un'azione e l'altra;

- il contatore *Priority* definisce la priorità di quella determinata azione rispetto alle altre con un parametro che va da 0 a 100 (dove 0 è priorità massima e 100 bassa);

- il contatore *Layer* definisce un *layer* in cui si esegue l'animazione prevista;

- il contatore *Layer Weight* definisce l'influenza del *layer*;

- il menu *Blend Mode* consente di scegliere in che modo i due valori *Layer* e *Layer Weight* vengano sovrapposti, scegliendo l'opzione tra *Add* e *Blend*;

- la casella *Frame Property*, infine, assegna il numero del *frame corrente* alle proprietà dell'oggetto selezionato.

CAMERA

Questo *Actuator* permette di eseguire il controllo sulla camera, utilizzandola come vista in soggettiva durante il gioco o la simulazione o per seguire il protagonista della scena.

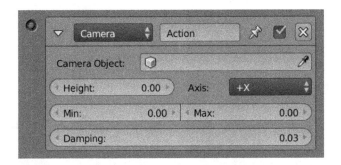

fig. 163 l'*Actuator Camera*

Nel campo *Camera Object* è possibile selezionare l'oggetto che la camera dovrà seguire costantemente.

Height imposta l'altezza della camera rispetto all'oggetto *target* precedentemente scelto, con un valore tra 0 e 20.

Il menu *Axis* permette di scegliere l'asse (positivo o negativo che sia) con cui la camera seguirà l'oggetto *target*.

Min e *Max* definiscono la distanza minima e massima tra la camera e l'oggetto seguito.

Il contatore *Damping* è un parametro che determina la velocità con cui la camera è in grado di seguire l'oggetto con parametri crescenti tra 0 e 5.

CONSTRAINT

Al ricevimento positivo di un impulso, l'*Actuator Constraint* fissa un vincolo sull'oggetto, specificandone la natura tra le apposite opzioni disponibili.

E' possibile determinare il tipo di vincolo tra le possibilità all'interno del menu *Constraint Mode* (*Force Field Constraint, Orientation Constraint, Distance Constraint, Location Constraint*).

fig. 164 l'*Actuator Force Field Constraint*

- *Force Field Constraint* genera un campo di forza attorno all'oggetto, con effetti attrattivi e/o repulsivi nei confronti di altri oggetti nella scena. E' possibile definire:

    - *Damping*, che regola il fattore di smorzamento del campo di forza con un parametro variabile tra 0 e 1;

    - *Distance*, che determina l'altezza del campo di forza, tra 0.1 e 2000;

    - *Rot Fh*, un pulsante che, se attivato, forza l'asse selezionato parallelo alla normale dell'oggetto;

    - *Direction*, un menu che permette di scegliere l'asse;

    - *Force*, che definisce l'intensità del campo di forza con un valore tra 0 e 100;

    - *N*, un pulsante che, se attivato, aggiunge la forza sulla normale;

    - *M/P*, un pulsante che, se attivato, assegna il campo di forza agli oggetti che rispondono a particolari proprietà o materiali specificati nella casella *Property*;

- *PER,* un pulsante che, se attivo, mantiene il campo di forza anche in assenza di altri oggetti, per un tempo definito da *Time* (tra 0 e 1000, dove 0 sta per infinito);

- *RotDamp,* un cursore che regola lo smorzamento per le rotazioni.

- *Orientation Constraint* vincola l'oggetto lungo una direzione stabilita dall'asse del menu *Direction.*

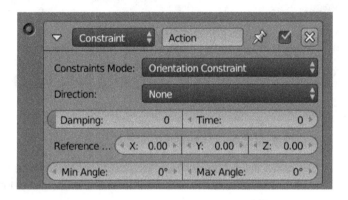

fig. 165 l'*Actuator Orientation Constraint*

- il parametro *Damping* regola i fotogrammi di ritardo in risposta al vincolo (tra 1 e 100);

- *Time* la durata di attività del vincolo;

- *Reference Direction* la direzione di riferimento per l'asse scelto secondo le coordinate globali *x, y* e *z;*

- *Min Angle* e *Max Angle* la variazione degli angoli, espressi in gradi.

- *Distance Constraint* vincola l'oggetto a mantenere una distanza prefissata da un altro oggetto nella scena.

141

fig. 166 l'*Actuator Distance Constraint*

- il menu *Direction* definisce l'asse;

- i pulsanti *L* e *N*, se attivi, impostano rispettivamente l'asse locale dell'oggetto e l'orientamento dell'oggetto lungo la normale;

- il pulsante *Force Distance* regola la distanza tra l'oggetto e il *target* (tra -2000 e 2000);

- il cursore *Range* imposta la distanza entro la quale sia verificata la presenza di proprietà o materiali su un oggetto, con un valore fra 0 e 2000;

- il parametro *Damping* regola i fotogrammi di ritardo in risposta al vincolo (tra 1 e 100);

- il pulsante *M/P*, se attivato, assegna il campo di forza agli oggetti che rispondono a particolari proprietà o materiali specificati nella casella *Property*;

142

- il pulsante *PER*, se attivato, mantiene il campo di forza anche in assenza di altri oggetti, per un tempo definito da *Time* (tra 0 e 1000, dove 0 sta per infinito);

- il campo *Property* consente di definire il materiale o le proprietà dell'oggetto;

- *Time* definisce il tempo (tra 0 e 1000) per il quale il vincolo rimane attivo;

- *RotDamp*, un cursore che regola lo smorzamento per le rotazioni.

- *Location Constraint* vincola l'oggetto su un asse globale, x, y o z definito dal menu *Limit*.

fig. 167 l'*Actuator Location Constraint*

- *Min* e *Max* definiscono il limite inferiore e superiore del vincolo, mentre *Damping* regola i fotogrammi di ritardo in risposta al vincolo (tra 1 e 100).

EDIT OBJECT

Rende possibili modifiche e impostazioni sugli oggetti durante lo svolgimento del gioco al ricevimento di un impulso attivo.

143

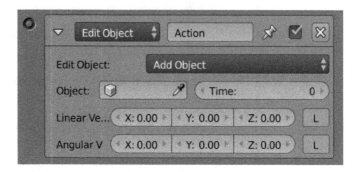

fig. 168 l'*Actuator Edit Object* impostato come *Add Object*

Possiamo scegliere il tipo di operazione da eseguire sull'oggetto dal menu *Edit Object*.

Abbiamo a disposizione 5 opzioni:

- *Add Object* aggiunge una copia dell'oggetto a cui si riferisce, fermo restando che l'oggetto da copiare risieda su un altro *layer* rispetto a quello della scena in cui si svolge il *game*. Inoltre:

  - dal campo *Object* è possibile scegliere l'oggetto da aggiungere;

  - nel contatore *Time* si definisce il tempo (espresso in frame) per cui l'oggetto rimarrà visibile nella scena. 0 equivale a lasciare l'oggetto presente per tutta la durata;

  - *Linear Velocity* definisce in x, y e z la velocità lineare dell'oggetto creato;

  - *Angular Velocity* la velocità angolare;

  - i pulsanti *L* abilitano, se premuti, gli assi locali dell'oggetto.

- *End Object* elimina l'oggetto a cui fa riferimento e gli eventuali oggetti imparentati.

144

fig. 169 l'*Actuator Edit Object* impostato come *End Object*

- *Replace Mesh* rimpiazza la *mesh* dell'oggetto con un'altra *mesh* definita nel campo *Mesh*. Attivando il pulsante *Gfx* sarà sostituito l'aspetto visualizzato della *mesh*, mentre attivando *Phys* l'aspetto fisico.

fig. 170 l'*Actuator Edit Object* impostato come *Replace Mesh*

- *Track To* funziona un po' come il *Constraint* omonimo. Questo *Logic Brick* impone ad un oggetto di direzionarsi verso un altro oggetto specificato nel campo *Object*.

fig. 171 l'*Actuator Edit Object* impostato come *Track To*

- *Dynamics* interviene infine sulla dinamica dell'oggetto e per la precisione è possibile scegliere tra le seguenti opzioni:

145

- *Restore Dynamics*, per ripristinare le dinamiche iniziali;

- *Suspend Dynamics*, per interrompere ogni dinamica;

- *Enable Rigid Body*, per abilitare lo stato di corpo rigido (*Rigid Body*);

- *Disable Rigid Body*, per disabilitare lo stato di corpo rigido (*Rigid Body*);

- *Set Mass*, per intervenire sul peso dell'oggetto con un parametro variabile tra 0 e 1000).

fig. 172 l'*Actuator Edit Object* impostato come *Dynamics*

FILTER 2D

fig. 173 l'*Actuator Filter 2D*

Questo interessante *Actuator* può essere considerato una specie di *Compositing* della simulazione, in quanto interviene sulla camera o su un qualsiasi oggetto, aggiungendo dei filtri.

146

Per scegliere il filtro desiderato è possibile selezionarne uno dal menu a tendina *Filter 2D Type*. Per impostare più filtri, è necessario numerarli con un apposito indice, definito per ogni filtro nel contatore *Pass Number* (tra 0 e 99).

Sono disponibili 15 opzioni:

- *Enable Filter* abilita il filtro, se disabilitato;

- *Disable Filter* disabilita il filtro se abilitato;

- *Remove Filter*, rimuove un filtro;

- *Motion Blur* crea un effetto di *motion blur* al movimento dell'oggetto, generando un nuovo *layer* con un ritardo specificato (tra 0 e 100) in *Value*;

- *Blur* aggiunge una sfocatura;

- *Sharpen* aumenta il contrasto del *render*;

- *Dilatation* aumenta le aree bianche;

- *Erosion* aumenta le aree nere;

- *Laplacian* evidenzia le aree con un cambiamento particolarmente rapido;

- *Sobel* calcola il gradiente di intensità dell'immagine;

- *Prewitt* calcola l'orientamento dei margini;

- *Gray Scale* renderizza la scena o l'oggetto selezionato in scala di grigio;

- *Sepia* renderizza la scena o l'oggetto selezionato in seppiato;

- *Invert* inverte tutti i colori della scena o dell'oggetto selezionato;

- *Custom Filter* consente di personalizzare un filtro con uno *script* in *Open Gl GLSL*.

fig. 174 l'*Actuator Game*

L'*Actuator Game* esegue azioni per il controllo generale del gioco in corso.

Dal menu *Game* è possibile scegliere una delle seguenti azioni:

- *Start Game From File*, che avvia un gioco da un *file* esterno (richiamabile dal *browser* che si aprirà cliccando sul *File*), opzione utile per caricare nuovi livelli o lanciare un gioco specifico da una *sala giochi* virtuale;

- *Restart Game*, che riavvia da capo il gioco;

- *Quit Game*, che termina e chiude il gioco;

- *Save bge.logic.globalDict*, che permette di salvare informazioni su un *file* di testo;

- *Load bge.logic.global.Dict*, che permette di caricare informazioni esterne da un *file* di testo.

MESSAGE

L'*Actuator Message* è utile per inviare messaggi tra i vari oggetti nella scena e tra scene differenti del gioco. Questo *Logic Brick* è il corrispondente in invio dell'omonimo *Sensor* che invece riceve impulsi esterni.

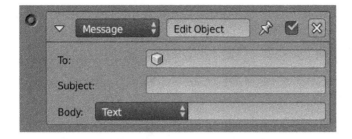

fig. 175 l'*Actuator Message*

Le opzioni a disposizione sono:

- il campo *To* serve per definire l'oggetto che riceve il messaggio;

- nel campo Subject si inserisce il soggetto, il tema principale, il titolo del messaggio;

- il menu *Body* permette di inserire una stringa di testo (il messaggio), scegliendo la voce *Text*, o delle proprietà specifiche, scegliendo la voce *Property*.

MOTION

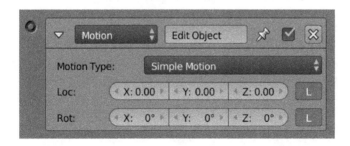

fig. 176 l'*Actuator Simple Motion*

L'*Actuator Motion* è uno dei più importanti e usati.

149

Come la parola suggerisce avvia l'impulso per l'esecuzione di uno specifico movimento dell'oggetto.

Ad esempio, è possibile fornire l'istruzione per la quale, alla pressione del tasto RIGHT ARROW, l'oggetto deve spostarsi di un determinato valore verso destra.

Tale *Actuator* è strettamente legato alle configurazioni del *tab Physics*, che vedremo dettagliatamente più avanti.

Per prima cosa è necessario definire il tipo di movimento tra le 3 opzioni disponibili nel menu *Motion Type*.

- L'opzione *Simple Motion* gestisce e ottimizza il movimento per oggetti statici o dinamici (a seconda di come sono stati impostati nel pannello *Physics*). Quelli statici sono privi cioè di parametri fisici come, ad esempio, *Rigid Body*. *Simple Motion* in modalità Static è ideale per visualizzazioni dall'alto o *platform* in cui il movimento si riduce a su, giù, avanti, indietro. È possibile regolare i seguenti parametri:

  - la posizione relativa ai tre assi (*Loc*);

  - la rotazione relativa ai tre assi (*Ro*),

  eventualmente forzando gli assi locali (*L*).

In modalità *Dynamic*, invece, si attivano altri parametri relativi alla forza (*Torque* e *Force*); sulla velocità angolare (*Linear Angular Velocity*), sulla velocità lineare in cui è possibile accelerare l'oggetto, aggiungendo un valore (*Ad*) che si sommerà *frame* dopo *frame*, il cui numero per raggiungere la velocità desiderata è definito da *Damping Frames* (tra 0 e 1000).

- L'opzione *Servo Control* si applica agli oggetti dinamici e legati alla fisica e serve per mantenere la velocità lineare applicando forze fisiche. I parametri disponibili sono:

- Il campo *Reference Object* che forza un oggetto come riferimento base per la velocità lineare, mentre, se lasciato vuoto, il riferimento sarà l'intero *World* della scena;

- *Linear Velocity* muove l'oggetto a una velocità prefissata tra -10000 a + 10000;

- I pulsanti *X, Y* e *Z* servono a porre dei limiti alla velocità lineare in riferimento agli assi;

- *Proportional Coefficent* regola eventuali errori sulla velocità, intervenendo su variazioni morbide per valori bassi e cambiamenti più improvvisi per valori alti;

- *Integral Coefficent* regola eventuali errori impostando una contro reazione del *Servo Control*;

- *Derivate Coefficent* smorza l'accelerazione in prossimità della velocità impostata (valori da -100 a + 100).

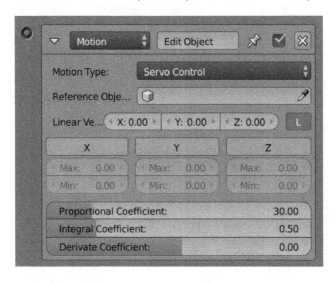

fig. 177 l'*Actuator Servo Motion*

- L'opzione *Character Motion* è dedicata al movimento dei character. Rispetto a *Simply Motion*, è stato aggiunto il pulsante *Jump*, che permette al personaggio di saltare

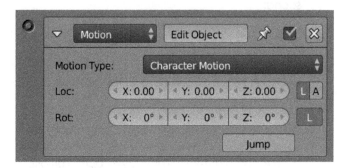

fig. 178 l'*Actuator Character Motion*

MOUSE

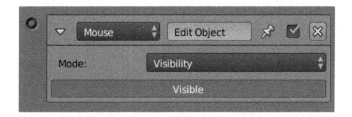

fig. 179 l'*Actuator Mouse*

L'*Actuator Mouse* fa in modo, a seconda delle impostazioni, che il puntatore del mouse venga visualizzato nella scena o che divenga oggetto di spostamento degli oggetti.

Scegliendo la modalità (Mode) su Visibility e attivando il pulsante *Visible*, il puntatore del mouse diviene visibile nel gioco.

Scegliendo, invece, *Mouse Look*, il mouse viene utilizzato per spostare gli oggetti e far compiere loro azioni, attivando l'asse di riferimento (Use X Axis / Y Axis); determinando la sensitività (*Sensitivity*);

impostando una soglia di ritardo del movimento (*Threshold*); imponendo limitazioni sulla rotazione (*Min* e *Max*); scegliendo l'asse di rotazione dal meni a tendina *Object* e se questa si baserà su assi locali o globali (*Local*); azzerare la posizione dell'oggetto (*x* o *y*) al centro della scena (*Reset*).

fig. 180 l'*Actuator Parent*

Agisce sulla parentela tra l'oggetto selezionato e altri oggetti della scena.

Dispone del menu a tendina *Scene*, dal quale scegliere se impostare (*Set* o rimuovere (*Remove*) la parentela con l'oggetto definito nel campo *Parent Object*.

Le spunte *Compound* e *Ghost* forzano rispettivamente che l'oggetto selezionato faccia parte o non faccia parte della collisione.

PROPERTY

Con questo *Actuator* è possibile intervenire sui parametri di una proprietà.

fig. 181 l'*Actuator Property*

- Dal menu *Mode* sono disponibili 5 modalità:

  - *Assign* consente di inserire un valore;

  - *Add* aggiunge (o, se negativo, sottrae) un valore a quello attuale;

  - *Copy* copia un valore da quello relativo alla proprietà (*Property*) un altro oggetto definito da *Object*;

  - *Toggle* inverte l'impulso ricevuto da *True* a *False* e viceversa inserendo il valore 0 o 1;

  - *Level* varia l'impulso in *True* se negativo e in *False* se positivo con un valore di 0 o 1;

- Property *definisce una proprietà esistente relativa all'oggetto;*

- *Value* definisce il valore a cui faranno riferimento le opzioni *Mode*.

RANDOM

Questo *Actuator* serve per assegnare un valore casuale ad una proprietà.

fig. 182 l'*Actuator Random*

Dal contatore *Seed* è possibile definire il valore di partenza da cui parte il calcolo di randomizzazione.

Dal menu *Distribution* è possibile di definire il tipo di numerazione, tra:

- *Boolean*, che si divide in tre sottocategorie:

  - *Bernoulli*, che definisce se il parametro muta in *True* o *False* a seconda del valore in percentuale definito in *Chance*;

  - *Constant*, che forza un valore sempre *True* o sempre *False*, definito nel pulsante *Always True*;

  - *Uniform*, che genera una casualità al 50% fra *True* e *False*.

- *Float*, che si divide in 4 sottocategorie:

  - *Constant*, che restituisce sempre un valore costante definito in *Value* (tra 0 e 1);

  - *Neg Exp*, che restituisce un valore secondo un tempo impostato in *Hal-Time Life* (tra 0 e 10000).

  - *Normal*, che restituisce un valore generato da un campo *Mean*, media aritmetica dei valori (tra -1000 e 1000). Il campo *Standard Deviation* che definisce la diffusione

155

della distribuzione dei numeri casuali (con valori tra -1000 e 1000);

- *Uniform*, che genera valori random compresi fra *Min* e *Max* (tra -1000 e 1000);

- *Integer*, che si divide in 3 sottocategorie:

- *Constant*, *che restituisce un valore costante;*

- *Poisson*, che genera un numero intero secondo la funzione di distribuzione di *Poisson*, in cui il campo *Mean* è la media aritmetica dei valori;

- *Uniform*, che genera valori *random* compresi fra *Min* e *Max* (tra -1000 e 1000).

SCENE

fig. 183 l'*Actuator Scene*

L'*Actuator Scene* organizza in livelli le scene del file o di file esterni (un file per scena).

Le opzioni dell'unico *Menu* sono:

- *Add Background Scene*, che consente di aggiungere una scena in *background* alla scena corrente;

- *Add Overlay Scene*, che aggiunge una scena sovrapponendola a quella corrente;

- *Remove Scene*, che rimuove una scena;

156

- *Restart*, che riavvia la scena corrente;

- *Suspend Scene*, che sospende una scena;

- *Resume Scene*, che fa ripartire il gioco dalla scena sospesa precedentemente;

- *Set Camera*, che cambia la vista camera, selezionando un'altra camera nell'apposito campo;

- *Set Scene*, che cambia la scena con un'altra scena impostata nell'apposito spazio.

STATE

fig. 184 l'*Actuator State*

Con questo *Actuator* è possibile creare dei passaggi di stato (*State Mask*, rappresentati dalle 30 caselle).

Dal menu *Operation* è possibile scegliere di:

- aggiungere uno stato a quello attuale (*Add State*);

- cambiare stato, al ricevimento di un impulso (*Change State*);

- rimuovere uno stato (*Remove State*);

- impostare uno stato con quello selezionato, disattivando tutti gli altri (*Set State*).

STEERING

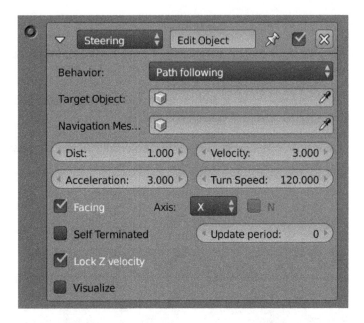

fig. 185 l'Actuator Steering

Questo utilissimo *Actuator* serve per generare un'intelligenza artificiale tra gli oggetti, definita da appositi comportamenti (menu *Behavior*).

Dal questo menu è possibile definire se l'oggetto insegue (*Seek*) un oggetto *target* (*Target Object*), se fugge da questo (*Flee*) o se segue un determinato percorso (*Path Follow*) definito dalle facce di una *mesh* (*Navigation Mesh*).

Una volta selezionato il *target* e il percorso, è possibile:

- impostare la distanza massima dell'oggetto per raggiungere o per fuggire dal target;

- definire la sua velocità (*Velocity*);

- la sua accelerazione (*Acceleration*);

158

- la velocità di rotazione, ossia la velocità con cui ruota su se stesso (*Turn Speed*);

- di puntare sempre sul *target* (*Facing*) e l'asse che punta su esso (*Axis*);

- allineare l'oggetto secondo la normale alla *Navigation mesh* (spunta *N*);

- definire il comportamento relativamente al raggiungimento del valore *Distance*, ovvero se proseguire la ricerca del *target* o se non seguirlo più (*Self Terminated*);

- aggiornare il calcolo del percorso (*Update Period*);

- visualizzare una linea di *debug* del *Path* (*Visualize*).

SOUND

Per inserire suoni, musica, effetti all'interno del gioco, conseguenti a un impulso, è disponibile l'*Actuator Sound*.

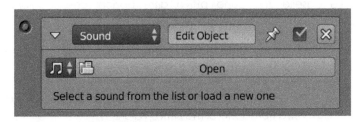

fig. 186 l'*Actuator Sound*

L'importazione del suon è possibile cliccando sul menu a tendina *Open*.

Una volta caricato il *file*, si attiveranno una serie di opzioni.

Sono disponibili i pulsanti *F* (che permette di salvare il *file* nel progetto), quello di apertura e quello di eliminazione.

- Da menu *Play Mode* si definisce invece il tipo di esecuzione:

  - *Play Stop* riproduce il suono e lo interrompe se è in arrivo un impulso negativo;

  - *Play End* riproduce il suono per intero e lo interrompe se è in arrivo un impulso negativo;

  - *Loop Stop* riproduce il *loop* il suono fino alla ricezione di un impulso negativo;

  - *Loop Bidirectional* riproduce il suono dall'inizio alla fine e dalla fine all'inizio, fino alla ricezione di un impulso negativo, col quale il suono termina il *loop* e si ferma;

  - *Loop Bidirectional Stop* è simile al precedente, ma, alla ricezione di un impulso negativo, interrompe l'esecuzione senza terminare il *loop*;

- Il cursore *Volume* regola il volume (tra 0 e 2);

- *Pitch* regola la velocità di riproduzione (tra -12 e 12);

- La casella *3D Sound* attiva altre opzioni che regolano la riproduzione di un suono avvolgente nello spazio:

  - *Minimum Gain* e *Maximum Gain* regolano il volume minimo e massimo di riproduzione, tra 0 e 1;

  - *Reference Distance* determina la distanza in cui il suono verrà riprodotto al massimo (valore 1);

  - *Maximum Distance* definisce la distanza massima oltre la quale il suono non sarà più udibile 8riprodotto);

  - *Rolloff* gestisce il volume in base alla distanza;

  - *Cone Outer Gain* definisce il volume oltre il cono di azione;

- *Cone Outer Angle* definisce l'angolo del cono esterno;

- *Cone Inner Angle* definisce l'angolo del cono interno.

fig. 186 l'*Actuator Visibility*

Questo ultimo *Actuator* disponibile nella lista permette di variare lo stato di visibilità degli oggetti durante lo svolgimento del gioco.

Sono disponibili 3 spunte che, se attivate, ottengono i seguenti risultati:

- *Visibility*, che rende visibile o invisibile l'oggetto selezionato;

- *Occlusion*, che attiva l'occlusione (attivabile anche dal *tab Physics*);

- *Children*, che rende invisibili anche gli oggetti imparentati con quello selezionato.

L'uso di questo *Actuator* può essere utile per alleggerire il calcolo della scheda video.

7.2.6. Lo schema logico del *BGE* e dei *Logic Bricks*

Lo schema logico dei *Logic Bricks* potrebbe, all'apparenza, risultare contorto e complesso. Tuttavia è un sistema decisamente intuitivo e fluido, una rappresentazione grafica di una serie di

161

ragionamenti che, se trascritti in *Python* risulterebbero assai più ostici, soprattutto agli occhi di chi non conosce alcun linguaggio di programmazione.

Rappresentare con uno schema o un semplice diagramma la struttura dei *Logic Bricks* è un compito assolutamente non proibitivo per quanto lineare e chiaro.

 ESERCIZIO N. 10: SPOSTIAMO UN CUBO

Facciamo un esempio pratico.

Apriamo il *Logic* Editor e, con il cubo selezionato aggiungiamo un *Sensor* Keyboard, impostando il tasto A nella casella Key, e un *Sensor Mouse, lasciano LMB di default.*

Aggiungiamo un *Controller* di tipo Or e un *Actuator* di tipo *Motion* in cui modificheremo il valore x, impostando 1.

Colleghiamo i due *Sensors* al *Controller* e questo all'*Actuator*.

Osserviamo la configurazione:

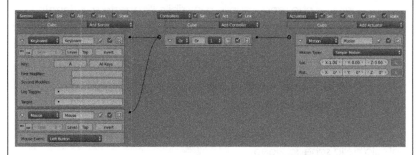

fig. 188 configurazione di *Logic Bricks*

Due *Sensors* sono connessi ad un *Controller Or* che invia un impulso a un *Actuator Motion*.

Proviamo ad analizzare la struttura e la logica.

162

I due *Sensors, Keyboard* e *Mouse* ricevono impulsi dalla tastiera e dal mouse, in particolare la pressione del tasto A e il *click* del LMB.

Quando una di queste due condizioni risulta verificata, il sensore interessato invia un segnale al *Controller* che studia l'impulso positivo e determina se risponde alle sue impostazioni, nella fattispecie di alternanza. *Or* attenderà l'impulso positivo di uno dei due *Sensors*, prima di inviare a sua volta l'invio a procedere all'*Actuator*.

Ciò significa che, quando verrà premuto il tasto A sulla tastiera oppure premuto il LMB, l'*Actuator Motion* eseguirà l'operazione di movimento, spostando il cubo di una unità in direzione x positivo.

Posizioniamo ora la camera con vista dall'alto e impostiamo ora il motore di *rendering Game Engine*.

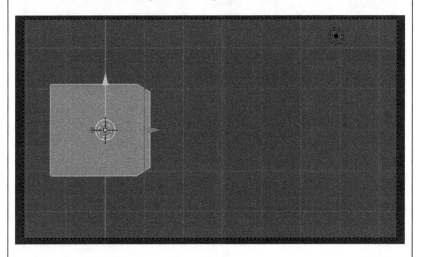

fig. 189 impostazione della vista camera

Nel pannello *Standalone Player* clicchiamo sul pulsante *Start*.

fig. 190 il pulsante *Start* del pannello *Standalone Player*

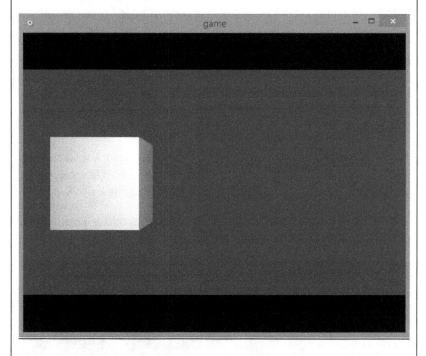

fig. 191 *Standalone Player* del *BGE*

Si aprirà una finestra *popup* in cui sarà visualizzato il cubo renderizzato con vista camera impostata.

Se clicchiamo con LMB o digitiamo la lettera A con la finestra attiva, il cubo si sposterà di una *Blender unit* in direzione x positivo.

Per ora non abbiamo la possibilità di tornare indietro.

Chiudiamo la finestra e ritorniamo al *Logic Editor*.

Aggiungiamo altri due *Sensors* (un altro *Keyboard* in cui fisseremo la lettera S come *Key*, e un altro *Mouse* in cui imposteremo come impulso positivo RMB).

164

Aggiungiamo un altro *Controller Or* e un altro *Actuator Motion* con x = -1.

Connettiamo ora i nuovi *Logic Bricks* in modo analogo ai precedenti.

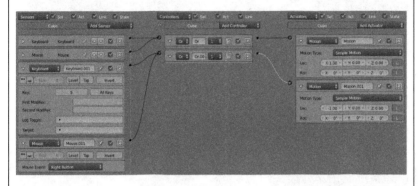

fig. 192 aggiunta di nuovi *Logic Bricks*

Lanciamo nuovamente il *Player* e proviamo a spostare verso destra il cubo con la pressione del tasto A o con il *click* su LMB.

Il cubo si sposterà ancora di una unità verso destra.

Digitiamo ora S o clicchiamo su RMB. Il cubo tornerà indietro di una unità (x = -1).

Provate ad aggiungere altri tipi di sensori legandoli, ed esempio alla rotazione, allo spostamento in direzione y e z.

 ESERCIZIO N. 11: SOGGETTIVA

Eseguiamo un secondo semplice esercizio, basato sul punto di vista soggettivo del giocatore.

Molti video*game* di successo prediligono da tempo una vista in soggettiva del protagonista.

Possiamo pensare al capostipite *Doom*, passando per *Assassin's Creed* e per *Uncharted*.

fig. 193 una scena di *Doom* in soggettiva

In questo tipo di vista di fatto si controlla la camera, simulando di vivere in prima persona l'azione.

Ma come realizzare questo tipo di movimento? Nulla di più semplice. Eseguiamo un nuovo esercizio.

Creiamo una scena in cui la camera, ruotata di 90° rispetto a x e 0° rispetto a y e a z, sia posizionata al centro dell'asse y ad una certa altezza da terra.

Aggiungiamo un piano sufficientemente grande e una sfera, posta alla sinistra della camera.

Aggiungiamo alla sfera un *Array* con una ripetizione in direzione x, regolando il parametro x in modo che risulti specchiata rispetto alla camera, e un secondo *Array*, impostato su y con un numero di ripetizioni sufficiente per formare una fila più o meno fitta.

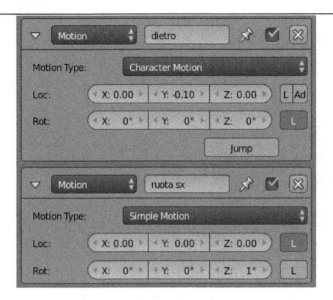

fig 194 impostazioni dello spostamento e della rotazione

Selezioniamo ora la camera e creiamo attorno a essa una configurazione di *Logic Bricks*, definendo che:

a) alla pressione del tasto UP ARROW si ottenga un movimento di 0.1 unità in avanti ($y = 1$);

b) alla pressione del tasto DOWN ARROW si ottenga un movimento di 0.1 unità indietro ($y = -1$);

c) alla pressione del tasto LEFT ARROW si ottenga una rotazione della camera di 1° verso sinistra (*Rotation z = 1*);

d) alla pressione del tasto RIGHT ARROW si ottenga una rotazione della camera di 1° verso sinistra (*Rotation z = -1*).

Attiviamo per tutti i parametri degli *Actuator*, il pulsante L, forzando le coordinate di spostamento e di rotazioni sugli assi locali della camera.

La configurazione totale dei comandi sarà la seguente:

167

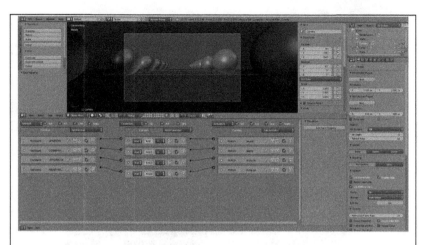

fig 195 configurazione dei comandi da tastiera della camera

Possiamo aggiungere dei colori per lo sfondo, per il piano e per le sfere a piacimento. Notiamo subito che l'interfaccia del pannello *Material* del *Game Engine* è molto simile a quella del motore *Blender Internal*.

Nel *tab Render* della finestra *Properties*, clicchiamo sul pulsante *Embedded Play*.

fig 196 avvio della simulazione in *preview* nella *3D view*

Il gioco si avvierà in *preview* direttamente nella *3D view*.

Digitando UP ARROW e DOWN ARROW, la camera procederà rispettivamente in avanti o arretrerà (guardando sempre avanti), con le sfere che scorreranno ai suoi lati.

Con la pressione delle frecce sinistra e destra, invece, otterremo delle rotazioni della camera attorno all'asse z (verticale) rispettivamente verso sinistra o verso destra, permettendoci di cambiare direzione.

fig 197 simulazione del gioco in *preview*

Per uscire dalla modalità *gaming* in *preview* sarà sufficiente digitare ESC.

7.2.7. La *Properties Bar* del *Game Logic Editor*

Come visto, all'interno di alcuni *Logic Bricks* è possibile inserire in campi di testo specifici alcune variabili o *Properties* che partecipano all'evento rendendolo più complesso, secondo funzioni.

Le proprietà possono essere definite in una lista all'interno della *Properties Bar* del *Logic Editor*, richiamabile con il tasto N, cliccando sul piccolo pulsante + in alto a destra della finestra, o dal menu *View* dell'*header*.

Questa *sidebar*, all'avvio si presenta con un unico pannello, all'interno del quale è disponibile il pulsante *Add Game Property* e un simbolo +. Cliccando su tale pulsante si apre una nuova proprietà.

Ogni proprietà dispone di un nome modificabile, all'interno del campo di testo a sinistra; di un tipo, richiamabile dalle 5 opzioni nel menu *Type*; da un valore, da un pulsante *info*, che consente di stampare le informazioni (*debug*); due frecce che permettono di variare la posizione delle proprietà nella cascata (come per i modificatori) e una X per eliminare la proprietà.

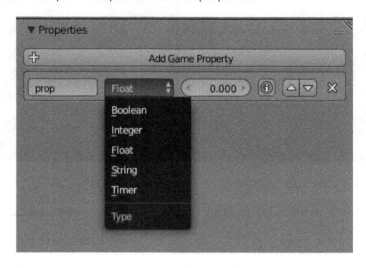

fig. 198 le opzioni della *Properties Bar* del *Game Logic Editor*

- Il tipo *Boolean*, che al posto dei valori dispone di una casella di spunta che sta per vero o falso (*True, False*) si usa per attivare o disattivare qualcosa nel gioco, come aprire e chiudere la porta o accendere e spegnere la luce;

- Il tipo *Integer* consente l'inserimento di valori interi tra -10000 e + 10000. È utile per creare contatori di punteggio o di oggetti recuperati;

- Il tipo *Foat*, simile al precedente, consente l'inserimento di valori tra -10000 e + 10000 con due cifre decimali, per contare accumuli più precisi;

- Il tipo *String* consente l'inserimento di una stringa alfanumerica di massimo 128 caratteri, utile per visualizzare a schermo scritte e messaggi;

- Il tipo *Timer* serve per calcolare il tempo di una fase di gioco o di vita di un oggetto. È un semplice orologio.

7.2.8 La *header* della finestra *Info* in *Game Engine*

fig. 199 il menu *Game* dell'*header* della finestra *Info* in *Game Engine*

L'*header* della finestra *Info* in *Game Engine* è pressoché identica a quella relativa agli altri due motori di *rendering Blender Internal* e *Cycles*.

Essa differisce esclusivamente per la presenza del menu *Game* dal quale è possibile:

- avviare il gioco (*Start Game Engine*);

- mostrare i dati delle proprietà a video in modalità *debug* durante l'esecuzione del gioco (*Show Debug Properties*);

- mostrare i *frame rate* e le informazioni ad essi relativi durante l'esecuzione del gioco (*Show Framerate* and Profile*);

171

- mostrare il *bound* delle simulazioni (*Show Physics Visualization*);

- mostrare un avviso in caso di caratteristiche non conformi in Phyton (*Deprecation Warning*);

- registrare le animazioni sotto forma di curve-funzione (*Record Animation*);

- lanciare automaticamente il gioco al termine del caricamento (*Auto Start*).

7.3. La finestra Properties associata al Game Engine

All'interno della finestra *Properties*, così come per gli altri motori di *rendering*, si impostano le proprietà fondamentali del progetto, della scena e degli elementi (siano essi oggetti, luci, materiali e comportamenti fisici) all'interno della stessa.

I pannelli disponibili sono sempre gli stessi che già abbiamo più volte incontrato nel corso dei vari capitoli.

Ciò che, in alcuni casi cambiano, sono i pannelli e le opzioni all'interno di essi, che si adattano al motore di *rendering* impostato.

E siccome anche il *BGE* è un motore di *rendering*, anche per questo motore si attivano e si adattano opzioni specifiche.

La finestra *Properties*, come ben sappiamo, è organizzata in *tab*, per macro argomenti, all'interno dei quali, nei vari pannelli, sono disponibili le funzioni dedicate.

Ricordiamo che, anche per questo motore, le impostazioni all'interno di questa finestra si riferiscono alla globalità del progetto e agli oggetti selezionati facenti parte. Ciò differisce non poco, dalla *sidebar Properties Bar* all'interno della *3D view* che si riferisce nello specifico agli oggetti selezionati nelle varie modalità.

I *tab* disponibili nella finestra *Properties* sono *Render, Render Layers, Scene, World, Object, Constraints, Modifiers, Data* 8che si adatta alla tipologia di oggetto selezionato), *Material, Texture, Particle* e *Physics*.

Andiamo a scandagliare ogni opzione per ogni *tab* disponibile.

173

7.3.1. il *tab Render*

Con il *Blender Game Engine* attivato, questo *tab* si presenta in modo assai differente rispetto ai motori *Render Internal* e *Cycles*. Questo perché deve adattarsi alla logica dell'interazione tra l'utente e gli oggetti della scena.

fig. 200 il *tab Render* della finestra *Properties*

174

Esso è suddiviso in 8 pannelli.

Nel primo pannello, detto **Embedded Player** mostra le dimensioni della finestra di interazione (o *gaming*) espressa in *pixel* secondo x e y (sezione Resolution) e il pulsante *Embedded Player* che, all'interno della *3D view* stessa attiva l'interazione in *preview*, con tutte le funzionalità dei *Logic Bricks* attivate.

Il secondo pannello, **Standalone Player** appare simile al precedente, ma si riferisce all'avvio del gioco in modalità *standalone*, in una finestra *popup* separata, che è possibile chiudere con ESC.

- Il pulsante *Standalone Player* avvia il *gaming*, mentre nei parametri x e y, all'interno della sezione *Resolution* è possibile definire la risoluzione in *pixel* della finestra *popup*;

- La spunta *Fullscreen* massimizza a tutto schermo la finestra *popup*;

- Nel menu *AA Samples*, nella sezione *Quality*, è possibile definire il numero dei campioni;

- I contatori *Bit Depth* e *Refresh Rate* definiscono il numero dei *bit* di profondità del colore e la frequenza di *refresh* dell'animazione.

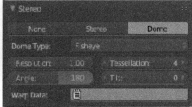

fig. 201 il pannello *Stereo*

Nel pannello **Stereo** si possono impostare modalità di visualizzazioni particolari come la visualizzazione *3D Stereo* in diverse

175

tipologie *standard*, come ad esempio *Anaglyph* (che scinde l'immagini in due camere distanziate e filtra l'occhio sinistro con colori rossi e il destro con colori azzurri. Può essere anche impostato come *side-by-side* nella realtà virtuale.

fig. 202 visualizzazione *3D Stereo Anaglyph.*

Sono disponibili tre modalità principali: *None*, che disattiva qualsiasi tipo di effetto; *Stereo* che imposta la visualizzazione del gioco in *3D* (secondo 6 tipologie e intervenendo nella distanza tra gli occhi nel parametro *Eye Separation*) e *Dome* che visualizza la scena con effetti particolari della lente come il *Fish Eye*, attivando alcuni parametri specifici per le varie tipologie.

fig. 203 visualizzazione *Fisheye*

Il pannello **Shading** dispone di due modalità di visualizzazione dei materiali durante l'esecuzione del gioco: *Multitexture* e *GLSL*, che variano la visualizzazione dei colori in base al tipo di *hardware* video di cui si dispone.

fig. 204 il pannello *Shading*

Nel pannello **System**, si dispone di alcune opzioni relative al motore di *Rendering*.

fig. 205 il pannello *System*

- la spunta *Use Frame Rate* forza l'esecuzione del gioco al *frame rate* selezionato nel pannello *Display*;

- la spunta *Restrict Animation Update* è utile per migliorare il *noise* nel gioco, eliminando alcuni *frame* di disturbo e riaggiornando l'animazione;

- la spunta *Use Material Chaching* contribuisce al calcolo e al miglioramento della visualizzazione dei materiali;

- la spunta *Display Lists* crea una *cache* dei materiali e delle *texture* nella *GPU* per velocizzare il caricamento durante l'esecuzione;

- il menu *Vsync* consente di sincronizzare il *frame rate* dell'animazione con il *refreshing* del monitor;

- il menu *Storage* consente di impostare la metodologia di salvataggio della renderizzazione;

- *Exit Key* (o in alternativa tasto ESCO) permette l'uscita dalla modalità *gaming*.

Il pannello **Display** contiene le proprietà della finestra di *preview* del gioco e del *render* e, nello specifico:

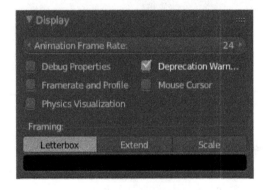

fig. 206 il pannello *Display*

- in *Animation Frame Rate* si impostano i fotogrammi al secondo delle animazioni;

- la spunta *Debug Properties* mostra le proprietà degli oggetti;

- la spunta *Deprecation Warning* avvisa se nella programmazione sono state usati versioni obsolete;

- la spunta *Mouse Cursor* mostra il puntatore del mouse durante l'esecuzione del gioco;

- la spunta *Framerate and Profile* mostra in tempo reale il *timing* delle calcolo espresso in millisecondi;

- la spunta *Physic Visualization* mostra le impostazioni e gli effetti fisici impostati nel *tab Physics*;

- lo *switch Framing*, infine, visualizza la forma dell'area di gioco (*Letterbox*, *Extended* o *Scale*), a seconda del rapporto di risoluzione in *pixel* fra l'orizzontale e la verticale della finestra.

Analogamente agli altro motori di *rendering*, il pannello **Bake** consente di fissare i colori, la luce e l'ombreggiatura sugli oggetti in una nuova *texture*, evitando calcoli in tempo reale dovuti al *Light Path*.

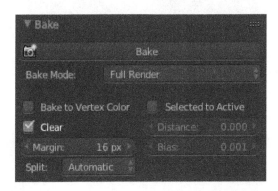

fig. 207 il pannello *Bake*

Nell'ultimo pannello presente nel *tab*, **Publishing Info**, sono disponibili i percorsi del disco fisso all'interno dei quali vengono salvate le impostazioni e il progetto stesso.

fig. 208 il pannello *Publishing Info*

7.3.2. il *tab Scene*

In questo *tab* vi sono alcuni pannelli, molti dei quali comuni ad altri motori che definiscono le opzioni dei dettagli della scena.

In particolare, nel pannello **Navigation Mesh** vi sono alcune opzioni relative alla rasterizzazione dell'immagine in funzione della geometria delle *mesh*, nel pannello **Level of Detail** il dettaglio della visualizzazione della geometria (vedi *tab Object*), nonché le impostazioni dei materiali r dei colori (*Color Management*), dell'audio (*Audio*) e dell'unità di misura del progetto (*Units*).

fig. 209 il *tab Scene*

7.3.2. il *tab World*

Il *tab World* è pressoché identico a quello già spiegato in *Blender Render*, in cui si definisco le impostazioni dell'ambiente.

fig. 210 il *tab World*

In questo *tab* sono disponibili 4 pannelli.

Nel *pannello* **World** si possono impostare i colori (e quindi anche l'influenza ambientale sugli oggetti nella scena) dell'orizzonte (*Horizon Color*) e dell'ambiente generale (*Ambient Color*).

Nel pannello **Mist**, già visto in *Blender Render*, possono essere impostate le caratteristiche della foschia. Rimandiamo al volume 2 la spiegazione dei parametri.

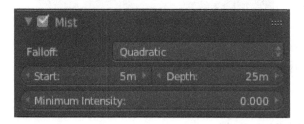

fig. 211 il pannello *Mist*

Dal pannello **Physics** si possono scegliere le impostazioni della fisica nell'ambiente di gioco.

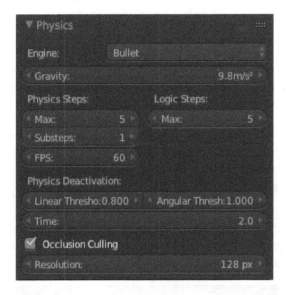

fig. 212 il pannello *Physics*

In particolare:

- *Engine Bullet* rappresenta il motore integrato *Bullet Physics Engine*;

- In *Gravity* si imposta la forza gravità generale del mondo (di *default* 9,8 m/s^2;

- Nella sezione *Physics Steps* sono disponibili 3 parametri per la definizione delle simulazioni fisiche:

    - *Max* , che determina il numero massimo di fotogrammi in caso di affaticamento del sistema e rallentamento della fluidità di gioco;

    - *Substeps* definisce la precisione della fisica;

183

- *FPS*, che sta per *frame per second*, il numero dei fotogrammi al secondo per le simulazioni fisiche;

- Il parametro *Logic Steps* definisce un ulteriore controllo sulla fluidità della fisica, con valori tra 1 e 5;

- Nella sezione *Phisics Deactivation* si controllano i limiti oltre i quali la simulazione viene disattivata dal gioco per alleggerire il calcolo (*Linear Threshold, Angular Threshold* e *Time*);

- *Occlusion Culling*, se attivato, controlla la visibilità degli oggetti nascosti da altri oggetti, impostando la risoluzione in *pixel* (*Resolution*).

Nell'ultimo pannello, **Obstacle Simulation** si definiscono i parametri relativi al movimento degli oggetti controllati dal computer (intelligenza artificiale).

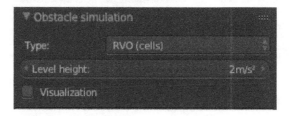

fig. 213 il panello *Obstacle Simulation*

Nel menu *Type* è possibile scegliere le opzioni di simulazione tra *None* (disabilitata); *RVO Ray*, che usa il metodo con campione a raggio; *RVO Cells*, che usa il metodo con campione a celle.

Level Height determina la distanza massima oltre la quale si attiva una iterazione.

Visualization, se spuntato, abilita il *debug* relativo alle simulazioni.

7.3.4. il *tab Object*

Questo pannello, che contiene tutte le informazioni sugli oggetti selezionati nella scena (posizione, parentele, rotazione, etc.) è identico all'omologo tab relativo agli altri motori di *rendering*, con la differenza dell'aggiunta di un solo pannello, detto **Level of Detail**, in cui si definisce il livello di dettaglio degli oggetti interagenti con il motore di gioco, in modo da regolarne la fluidità.

Di fatto, in questo pannello si regola il numero dei poligoni, e quindi la definizione geometrica degli oggetti, rendendoli più o meno definiti.

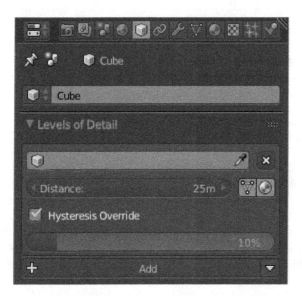

fig. 214 il panello *Level of Detail* del *tab Object*

In pratica, il sistema definisce che il livello di dettaglio degli oggetti perda di definizione man mano che si allontana dal punto di osservazione del *player*, risparmiando così potenza di calcolo in tempo reale. Tale distanza, una volta attivata l'opzione cliccando sul pulsante *Add*, viene definita nel contatore *Distance*, espressa nell'unità di misura scelta nel *tab World*.

185

Nel campo definito dal piccolo cubo giallo, si inserisce l'oggetto interessato a questa procedura. Per aggiungere questa funzione a più oggetti nella scena, è sufficiente cliccare più volte sul pulsante *Add* e sceglierli dal menu a tendina che si visualizza alla pressione del campo suddetto).

È possibile agire sul dettaglio del materiale e/o sul dettaglio della geometria, attivando i pulsanti sulla destra che rappresentano il materiale e tre vertici collegati a triangolo.

L'entità del cambiamento del livello di dettaglio si può definire, in funzione della distanza, attivando la spunta *Hysterisis Override* e definendone un parametro di abbassamento della risoluzione in percentuale, all'interno del cursore sottostante.

Questa ottimizzazione delle prestazioni è fondamentale per ottenere una fluidità del gioco anche in *hardware* meno performanti.

7.3.4. il *tab Material*

La procedura di creazione un materiale all'interno del motore di gioco è la medesima rispetto a quella che si utilizza all'interno del motore di *rendering* originale di Blender, ossia *Blender Render* (o *Blender Internal*).

I pannelli presenti nel *tab Material*, così come anche i parametri e le impostazioni sono esattamente gli stessi.

Ai pannelli, è stato aggiunto un solo pannello, dal nome **Game Settings**, entro il quale operare sul controllo delle superfici degli oggetti.

Le prime tre spunte, *Backface Culling, Invisible* e *Text*, servono rispettivamente ad attivare la visualizzazione di facce prime di spessore (come semplici piani); a rendere invisibili tutte le facce di un oggetto che contiene il materiale selezionato; a utilizzare un materiale come un oggetto testo all'interno del motore di gioco.

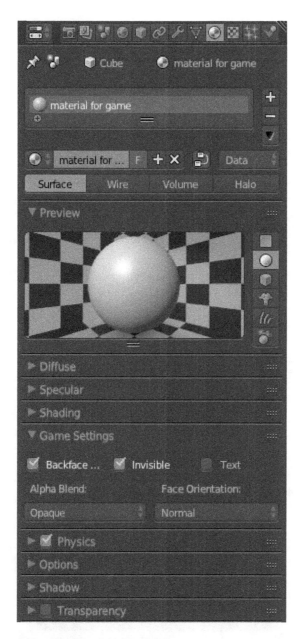

fig. 215 il panello *Game Settings* del *tab Material*

Il menu *Alpha Bend* controlla il canale trasparente del materiale, se presente, secondo una 5 opzioni disponibili:

- *Opaque* ignora ogni trasparenza;

- *Add* renderizza le facce trasparenti;

- *Alpha Clip*, utilizza il materiale trasparente come fosse una maschera;

- *Alpha Blend* aggiunge e ne permette l'uso, il materiale trasparente nella *slot* dei materiali;

- *Alpha Sort* regola la luce dei materiali trasparenti in funzione della loro posizione rispetto alla vista.

Il menu *Face Orientation* regola l'allineamento delle facce. Sono disponibili 4 opzioni:

- *Normal*, nessuna variazione;

- *Halo* allinea il materiale in direzione del punto di vista, non secondo la vista camera;

- *Bilboard* sempre verso la vista;

- *Shadow* usa le facce per produrre ombra.

7.3.4. il *tab Physics*

fig. 216 il *tab Physics*

Le proprietà più importanti del *Blender Game Engine* si trovano all'interno del *tab Physics*, in cui, nei tre pannelli disponibili, sono raccolti gli strumenti per gestire al meglio le interazioni fra gli oggetti nella scena, dalla gravità, alle collisioni.

Per ogni oggetto nella scena è possibile definire specifiche caratteristiche fisiche e comportamenti interattivi.

Il primo pannello è **Physics**, in cui definire il comportamento fisico principale dell'oggetto.

Dal menu *Physic Type* è possibile determinare tale comportamento fra 9 opzioni sensibilmente differenti tra loro.

A seconda della tipologia scelta, si attivano e disattivano parametri e funzioni in tutti e tre i pannelli **Physics**, **Collision Bounds** e **Create Obstacle**.

NO COLLISION

L'opzione più semplice è **No Collision**, in cui l'oggetto non interagisce con gli altri, ma può essere considerato come visibile o invisibile.

STATIC

Static si usa solitamente per oggetti che non si muovono all'intero della scena, ma che possono in qualche modo interagire con gli altri. Nel pannello **Physics** sono disponibili le seguenti opzioni:

- la spunta *Actor* permette ai *Sensors Near* e *Radar* di rilevare l'oggetto;

- la spunta *Ghost* impedisce all'oggetto di reagire in caso di collisioni;

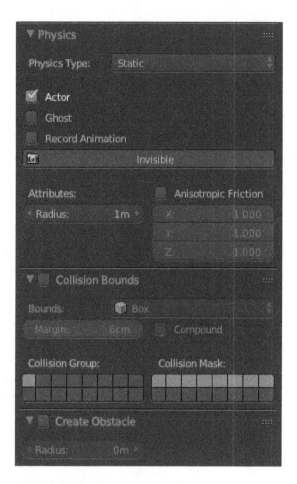

fig. 217 il pannello *Physic Static*

Con questa modalità si attivano anche:

- la spunta *record Animation* permette di registrare l'animazione degli oggetti senza la fisica applicata;

- il pulsante *Invisible* rende l'oggetto invisibile;

- la spunta *Anisotropic Friction* (che attiva i valori X, Y, Z) controlla la frizione anisotropica, una caratteristica del materiale che dipende dalla direzione per la quale viene considerata;

- il contatore *Attributes: radius* definisce il raggio di azione della collisione, espresso in metri;

Nel pannello **Collision Bounds** si definiscono dei contenitori che effettivamente collidono con gli oggetti. Questi possono avere le principali forme delle primitive, disponibili nel menu *Bounds*. Inoltre si definisce il limite margine di rilevazione della collisione (*Margin*) e la spunta *Compound* che consente di aggiungere parenti per la collisione, gruppi e maschere.

Nel pannello **Create Obstacle** si definisce il raggio di azione per le collisioni con oggetti ostacolo e oggetti dotati di intelligenza artificiale.

DYNAMIC

Questa tipologia si utilizza per oggetti dinamici, che subiscono la forza di gravità e che si spostano liberamente nella scena.

Dispone di alcuni parametri in più rispetto a *Static*.

Nella sezione *Attributes* del pannello **Physics**, oltre a *radius*, sono disponibili i contatori *Mass* che imposta il peso dell'oggetto, molto influente per le collisioni e la gravitò; e *From Factor*, che gestisce la forza d'inerzia (*J*).

È inoltre possibile definire la velocità lineare e angolare (*Linear/Angular Velocity*) minima e massima (*Minimum* e *Maximum*), che sono limitatori di questi parametri.

Le spunte su *Lock Translation* (X, Y, Z) bloccano lo spostamento lungo l'asse o gli assi spuntati.

La sezione *Damping* dispone di due fattori: *Translation* e *Rotation*, relativi allo smorzamento degli spostamenti.

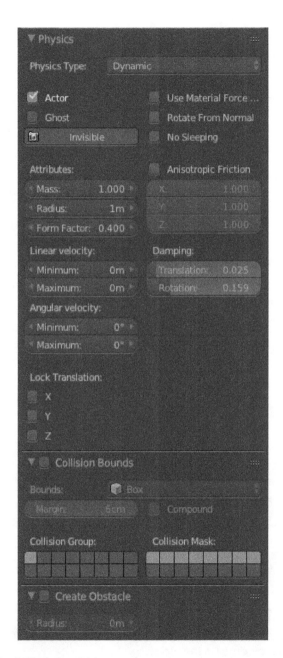

fig. 218 il pannello *Physic Dynamic*

193

La spunta *Use material Force Field* permette all'oggetto di reagire a forze esterne.

La spunta *Rotate From Normal* forza l'oggetto a ruotare attorno alla sua normale.

La spunta *No Sleeping* impedisce la disattivazione automatica fisica dell'oggetto.

I pannelli **Collision Bounds** e **Create Obstacle** rimangono invariati.

RIGID BODY

Impostando come **Rigid Body** l'oggetto, si comporterà come un corpo rigido.

Gli unici parametri da cui differisce da *Dynamic* sono le spunte *X, Y, Z* della sezione *Lock Rotation*, che consente di bloccare la rotazione dell'oggetto attorno agli assi specificati.

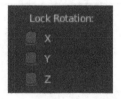

fig. 219 le spunte *Lock Rotation* in *Physics*

I pannelli **Collision Bounds** e **Create Obstacle** rimangono invariati.

SOFT BODY

Soft Body considera l'oggetto come un corpo soffice, deformabile, o come un tessuto.

194

Mentre anche in questo caso i pannelli **Collision Bounds** e **Create Obstacle** rimangono invariati, nel pannello **Physics** ci sono parecchie differenze, con l'inserimento di parametri specifici:

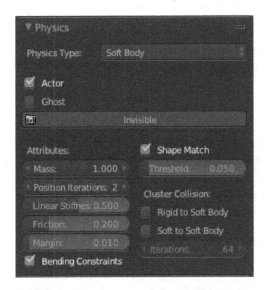

fig. 220 il pannello *Physics Soft Body*

Dalla sezione *Attributes*, si possono definire la massa (*Mass*), il grado di morbidezza (*Position Iterations*, da 1 a 10), la rigidezza durante le collisioni (*Linear Stiffness*), l'attrito (*Friction*) e i limiti considerati per la collisione (*Margin*).

La spunta su *Bending Constraint* regola i raggi di curvatura dell'oggetto soffice, impedendo artefatti.

La spunta *Shape match*, unitamente al parametro *Threshold*, aiuta l'oggetto a ritornare alla sua forma originale, definendone un valore soglia.

Nella sezione *Cluster Collision*, viene simulato un comportamento di corpo rigido dei corpi soffici e viceversa. Il valore *Iterations* regola il numero dei processi, per i quali, per valori più bassi, la forma dell'oggetto si riporta a quella originale.

OCCLUDER

Nel caso in cui si debbano utilizzare oggetti particolari, utili a nascondere altri oggetti alle spalle di quello principale selezionato, **Occluder** è lo strumento ideale.

È possibile definire solo il parametro di visibilità o invisibilità dell'oggetto (pulsante *Invisible*).

SENSOR

Permette ad un oggetto di farsi individuare dai sensori, per lo più oggetti non visibili nella scena, alla collisione con i quali si avviano particolari azioni (cambio quadro o scena, suono, messaggio specifico, ricarica, azzeramento, bonus, etc...

L'opzione *Detect Actor* consente di associare l'oggetto ai *Sensors Near* e *Radar*.

Esso può essere inoltre visibile o invisibile (pulsante *Invisible*).

NAVIGATION MESH

Impostato con questa caratteristica, l'oggetto diventa un percorso per altri oggetti.

NavMesh Reset Index Value permette di assegnare un indice alle facce selezionate di una *mesh*. Una volta assegnate, le facce si colorano per essere riconoscibili.

NavMesh Clear Data rimuove i dati precedentemente assegnati alle facce della *mesh*.

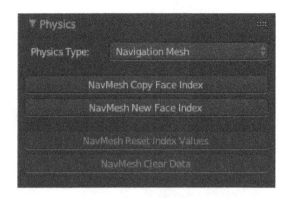

fig. 221 il pannello *Physics Navigation Mesh*

CHARACTER

Si tratta del tipo migliore di fisica da associare a un personaggio in movimento, dotato di *rigging* e *IK*. Questa tipologia si associa all'*Actuator Motion* con l'opzione *Character*.

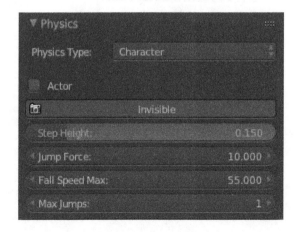

fig. 222 il pannello *Physics Character*

Oltre alle opzioni di invisibilità (pulsante *Invisible*) e partecipazione alle collisioni (*Actor*), le opzioni dedicate sono:

197

- *Step Height*, che regola l'altezza massima che il *character* può oltrepassare o sormontare, come ad esempio uno scalino o un piano rialzato;

- *Jump Force*, che definisce la potenza di un salto;

- *Fall Speed Max*, che definisce la velocità massima di caduta del *character*;

- *Max Jumps*, che imposta il numero massimo di salti consecutivi del *character*.

7.3.5. I tab Render Layer, Constraints, Modifiers, Data, Texture, Particles

Dei *tab* rimanenti possiamo solo dire che sono totalmente immutati rispetto ai corrispondenti in ambiente *Render Internal* e *Cycles*, oppure, come nel caso di *Render Layers* e *Particles* non attivi e quindi non supportati per la modalità *BGE*.

7.4. Camera e illuminazione

Per quanto riguarda la camera e le fonti di illuminazione, si faccia riferimento agli stessi argomenti già descritti nel secondo volume.

fig. 223 il *tab Data* relativo alla camera

Il *tab Data*, relativo alla camera, consente di regolare l'apertura, lo *shift*, le caratteristiche della lente, la messa a fuoco, la modalità *Perpective, Orthographic* e *Panoramic* e altre funzioni.

La camera può essere animata o imparentata con il *player* o altri oggetti nella scena e ricevere istruzioni dall'*Actuator Camera*.

Quanto alle fonti di illuminazione, dallo stesso *tab data* è possibile determinare il tipo di luce, tra *Point, Sun, Spot, Hemi* e *Area*.

Si faccia, anche in questo caso, riferimento ai capitoli relativi alle luci in *Blender Render* nel volume 2.

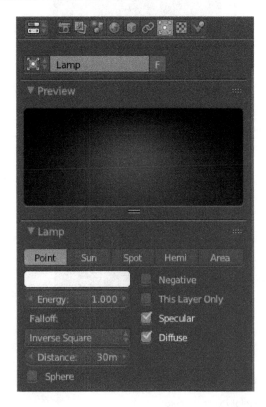

fig. 224 il *tab Data* relativo alle luci

7.5. Esportazione del gioco

Il gioco può essere esportato in un preciso percorso, completo di cartelle in cui sono contenute proprietà e scene, come file eseguibile *.exe.

Per esportare il gioco è sufficiente scegliere l'opzione **Save As Engine Runtime** dal menu *File – Export* della finestra *Info*.

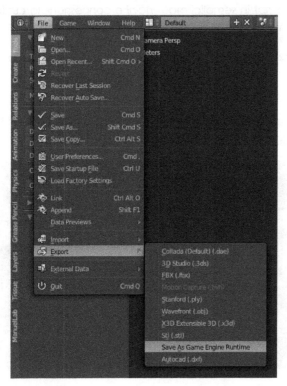

fig. 225 esportazione del gioco

Qualora questa voce non dovesse essere attiva, basta attivarlo dalla *User Preferences nel* tab Addons.

201

7.6. BGE e Python

Coloro i quali sono in grado di programmare con il linguaggio di programmazione *Python*, possono implementare il gioco con funzioni logiche in modo pressoché illimitato, implementando con gli *script* i *Logic Bricks*.

L'interfaccia grafica del *Logic Editor*, in effetti, traduce complessi *script* in semplici *mattoncini* e connessioni, la cui fruibilità è decisamente più semplificata per la gran parte dell'utenza.

Il **Text Editor** è un ambiente di lavoro, già spiegato all'inizio del quarto volume, in cui è possibile scrivere in codice all'interno di Blender.

Rimandiamo a pubblicazioni future e a testi dedicati i concetti sul linguaggio di programmazione.

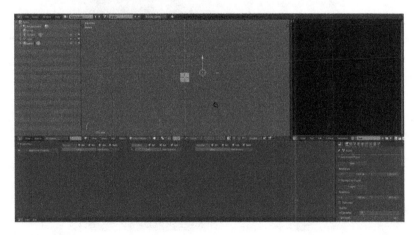

fig. 226 interfaccia utente pre configurata per il *Game Engine* con il *text Editor* sulla destra

7.6. Creiamo un piccolo videogame

 ESERCIZIO N. 12: LABIRINTO

Questo semplice videogioco che realizzeremo in questo esercizio sarà un labirinto, o un semplice percorso tortuoso, all'interno del quale un *Character* (nella fattispecie una macchinina *low poly*) dovrà raggiungere l'uscita, tentando di evitare un nemico (*Suzanne*). Qualora dovesse venire raggiunto dalla testa della scimmietta la partita si considererà persa.

Inseriamo nella scena un piano, dalle misure arbitrarie, che rinomineremo *Labirinto*, entriamo in *Edit Mode* e con CTRL + E, *Subdivide*, suddividiamolo in 20 parti per lato.

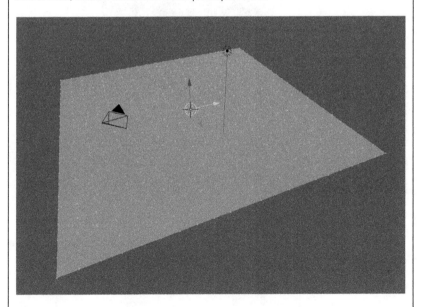

fig. 227 suddivisione del piano

Selezioniamo le facce come in figura per delimitare il percorso.

203

Facciamo in modo che lo spazio rimanente dalle facce selezionate sia di almeno tre divisioni, onde ottenere una strada sufficientemente larga.

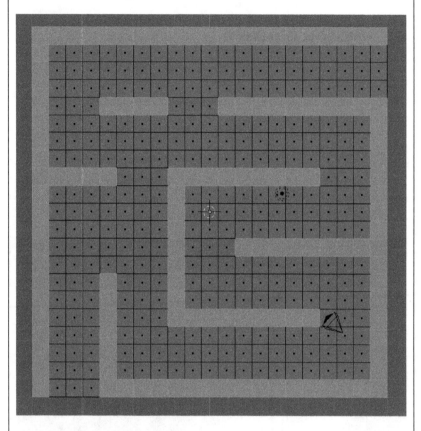

fig. 228 delimitazione del percorso

Estrudiamo ora le facce verso l'alto in modo da creare delle pareti, un'entrata e un'uscita dal labirinto entro il quale il nostro *Character* si muoverà liberamente comandato da tastiera.

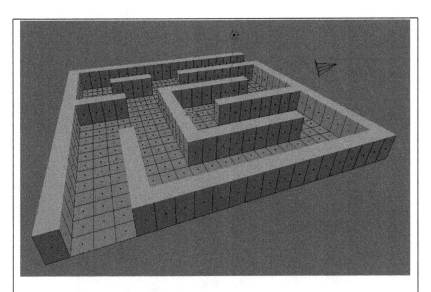

fig. 229 estrusione delle pareti

Selezioniamo ora le facce che rappresentano il percorso (la strada) e duplichiamole con SHIFT + D, quindi stacchiamo la copia dalla *mesh* con P e rinominiamo la nuova *mesh Percorso_Enemy*.

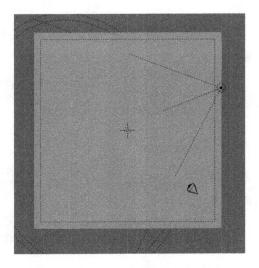

fig. 230 il *Percorso_Enemy*

Inseriamo nella scena con *Append* (o F1) il *character* denominato *Car.blend* (o qualsiasi altro *character* di vostro gradimento, e andiamo a posizionarlo all'inizio del percorso, in basso a sinistra.

Scaliamola adeguatamente e azzeriamo, scala e rotazione con CTRL + A.

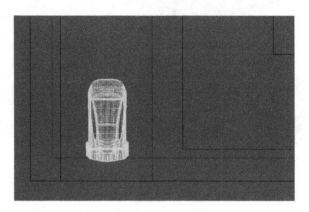

fig. 231 posizionamento del *Character_player*

Inseriamo ora una *Monkey*, opportunamente ridimensionata, nell'angolo in alto a destra del labirinto. Rinominiamola *Enemy*.

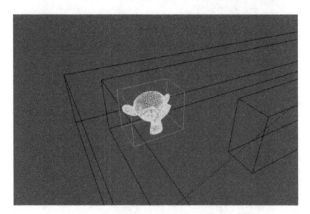

fig. 232 posizionamento del *Character_Enemy*

206

Inseriamo ora un cubo e scaliamolo in modo che contenga per intero il nostro *player* (la macchina). Le dimensioni esatte non sono importanti.

Questo cubo rappresenta un oggetto invisibile alla vista che controllerà la collisione al posto della macchina, dotata di molti più poligoni. Questo alleggerirà il gioco e il calcolo in tempo reale.

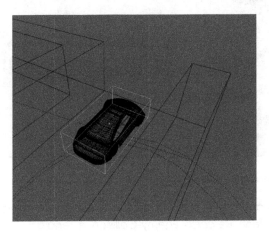

fig. 233 inserimento del cubo *Car_Collision*

Azzeriamo la scala e imparentiamolo con la macchina, in modo che quest'ultima risulti figlia del cubo. Selezioniamo prima la macchina e poi il cubo e digitiamo CTRL + P, oppure dal pannello *Relations* del *tab Object* associato al cubo inseriamo *Car* nel campo *Parent*.

In questo modo, muovendo con G il cubo, la macchina seguirà fedelmente il movimento.

Tecnicamente, il vero e proprio *player* sarà il cubo e non la macchina, la quale fungerà solo da oggetto meglio definito per la visualizzazione durante lo svolgimento del gioco.

Rinominiamo quindi il cubo come *Car_Collision*.

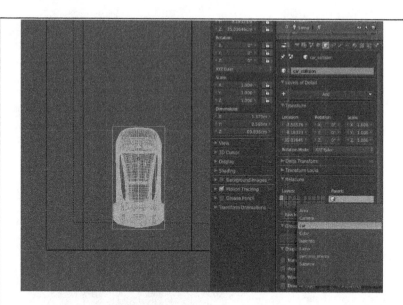

fig. 234 parentela tra *Car_Collision* e la macchina

Operiamo nello stesso modo con *Suzanne*. Rinominiamo il cubo che la contiene *Percorso_Enemy-Collision* e rendiamolo *Dynamic* e *Invisible* nel *tab Physics*.

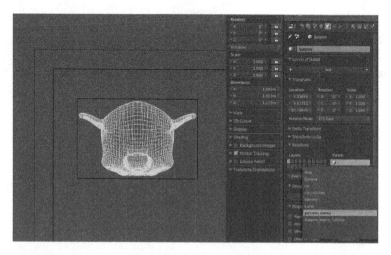

fig. 235 parentela tra *Percorso_Enemy_Collision* e la *Suzanne* (*Enemy*)

Aggiungiamo delle fondi di illuminazione a piacere (*Spot*, oppure un'illuminazione globale diffusa) e, selezionato il cubo legato alla macchina (*Car_Collision*), dal *tab Physics* della finestra *Properties*, impostiamolo come *Dynamic Type* (o, in alternativa come *Character Type*).

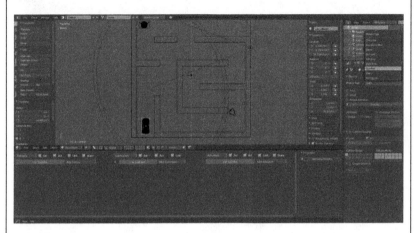

fig. 236 assegnazione delle proprietà fisiche al *Car_Collision*

Questa proprietà stabilisce una funzionalità dinamica, utile per il controllo del movimento per le collisioni che a breve andremo ad impostare. Inoltre, affinché risulti invisibile durante il gioco, clicchiamo sul pulsante *Invisible*.

fig. 237 cliccando su *Invisible*, l'oggetto non sarà visibile durante il gioco

Impostiamo ora come *No Collision* dal *tab Physics* sia la macchina sia *Suzanne*.

Imparentiamo ora la camera al *Car_Collision* in modo da ottenere una vista in primo piano (o, se preferite, in soggettiva) del gioco.

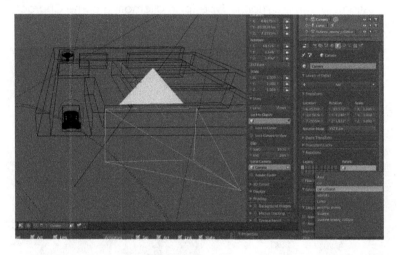

fig. 238 imparentare la camera al *Car_ Collision*

Quasi certamente dovremo riposizionare la camera.

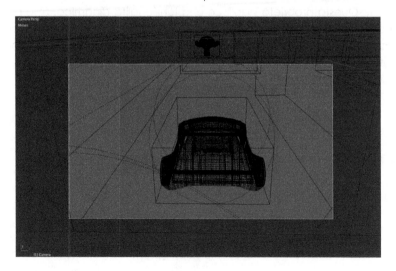

fig. 239 la vista camera del gioco

Selezioniamo ora il *Car_Collision* e apriamo il *Logic Editor*.

Inseriamo un *Sensor Keyboard*, un *Controller And* e un *Actuator Motion*.

Assegniamo il tasto UP ARROW come impulso al *Sensor* e lo spostamento in direzione y positivo di 0.1.

fig. 240 configurazione dei *Logic Bricks* per lo spostamento in avanti della macchina

Analogamente aggiungiamo altro *Logic Bricks* impostando che alla pressione del tasto LEFT ARROW, la macchina curverà a sinistra (rotazione attorno a z di 1° in negativo).

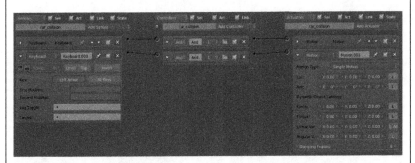

fig. 241 controllo della rotazione

Idem per la rotazione a destra.

Selezioniamo ora la *mesh Percorso_Enemy*.

Dal *tab Physics* impostiamo il *Type* come *Navigation mesh* e clicchiamo sul pulsante *NavMesh New Face Index*. Le facce della *mesh* si coloreranno.

In questo modo avremo impostato la *mesh* come percorso.

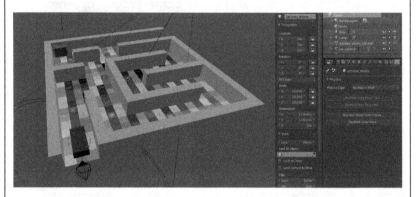

fig. 242 *Navigation Mesh*

Faremo in modo che *Suzanne* si muova spontaneamente lungo il percorso stabilito alla continua ricerca della macchina.

Con *Suzanne_Enemy_Collision* selezionato, apriamo il *Logic Editor* e aggiungiamo un *Sensor Always* (sempre), un *Controller And* e un *Actuator Steering* (sterzare), impostando il *Target Object* come *Car_Collision* e *Navigation Mesh Percorso_Enemy*.

fig. 243 *Logic Bricks* per il percorso di *Suzanne*

212

La logica di questa configurazione significa che in ogni caso *Suzanne* dovrà cercare e puntare la macchina, utilizzando il colore come proprietà.

Assegniamo ora un colore al cubo *Car_Collision*, ad esempio blu, dal *tab Material* e rinominiamo il colore *Car_Collision*.

Effettivamente il colore non sarà mai visibile durante il gioco, ma avremo applicato una proprietà ulteriore al cubo su cui ottenere un nuovo controllo: quello della collisione.

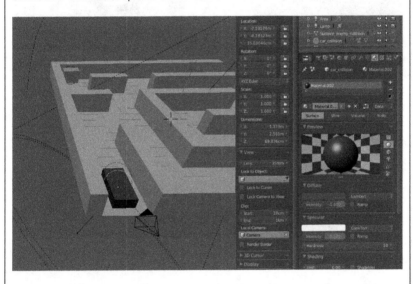

fig. 244 colore blu al *Car_Collision*

In modo analogo assegniamo il colore rosso al cubo imparentato a *Suzanne* (*Enemy_Collision*).

Torniamo al *Logic Editor*, con *Suzanne_Enemy_Collision* selezionato.

Aggiungiamo un altro *Sensor* di tipo *Collision* e clicchiamo su *M/P* impostando come materiale *Enemy_Collision*.

Colleghiamo tale *Sensor* ad un *Controller And* e quest'ultimo a un *Actuator Game*, impostandolo come *Restart Game*

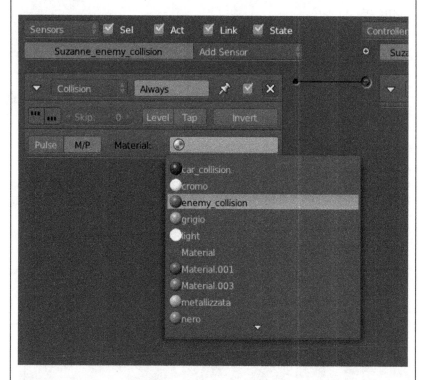

fig. 245 il sensore *Enemy_Collision*

In questo modo, quando *Suzanne* (o meglio il suo cubo parente) toccherà la macchina (il suo cubo) il gioco si riavvierà da capo.

Definiamo ora lo scopo del gioco: uscire dal labirinto.

Creiamo un cubo con materiale di colore giallo e rinominiamolo *End_game*. Rinominiamo anche il colore nello stesso modo.

Posizioniamo il cubo in corrispondenza dell'uscita del labirinto.

Nel *tab* Physics, impostiamo il cubo come *Static*.

Nel *Logic Editor*, col cubo giallo selezionato, definiamo che quando il cubo giallo entrerà in contatto con il cubo blu (e quindi con la macchina), il gioco sarà terminato.

Aggiungiamo un *Sensor Always*, attivando *M/P* e impostando *Car_Collision* come colore, un *Controller And* e un *Actuator Game*, definendo dal menu l'opzione *Quit game*.

fig. 246 comandi per terminare il gioco

testiamo il gioco cliccando sul pulsante *Embedded* Player e salviamolo in una cartella dal menu *File* della finestra *Info*, sottomenu *Export*, opzione *Save As Game Engine Runtime*.

Un grazie speciale ad Andrea Rotondo (www.art-tech.it) per lo spunto di questo esercizio. Rimandiamo ulteriori esercitazioni sul *BGE* alla pagina Youtube di os3.

215

8

FOTOGRAMMETRIA E BLENDER

8.1. Introduzione

La tecnologia corre e con lei i nuovi strumenti e le applicazioni nei più svariati campi.

Si pensi ai droni, ai *micro controller Arduino* con cui realizzare in casa vere e proprie meraviglie di programmazione, alle stampanti 3D, agli scanner 3D, agli stessi telefonini che oggi sono dei potentissimi computer con fotocamere di alta qualità e applicazioni incredibili.

Applicativi che fino a pochissimi anni fa risultavano fantascienza, oggi sono alla portata dei bambini e campi specialistici alla portata quasi di chiunque.

Certo, la professionalità (per fortuna) ancora conta qualcosa, ma la tecnologia ha ampliato il raggio di azione in modo esponenziale, aprendo la strada a tutti e abbattendo i costi.

Tra le tante possibilità che Blender offre nell'aprirsi ad applicativi esterni e a nuove tecniche, ci preme soffermarci brevemente, in questo capitolo, alla fotogrammetria, quella tecnica che consente di ottenere modelli tridimensionali attraverso il *matching* di un certo numero di immagini.

Ricreare virtualmente un oggetto o addirittura un ambiente 3D semplicemente fotografandolo è, a mio avviso, qualcosa di davvero fantastico.

Oggi con l'uso di buone fotocamere (a volte bastano quelle dei telefonini) o di un drone di media qualità (per l'aerofotogrammetria) è possibile, grazie all'ausilio di speciali *software* di "*montaggio*", ottenere oggetti tridimensionali pressoché perfetti.

La *Autodesk*, tanto per fare un esempio, ha prodotto un programma gratuito, *123DCatch* che gira su PC, *tablet* e anche cellulare che utilizza la fotocamera per scattare un certo numero di foto attorno all'oggetto che si vuole riprodurre, ricreando automaticamente il modello 3D, per giunta già scucito e mappato. Roba da fantascienza.

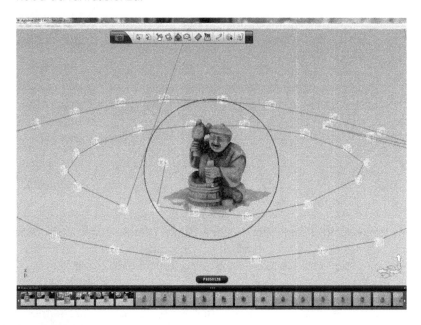

fig. 247 123DCatch su PC

In ambito più professionale, ricorriamo a *software* molto più precisi e performanti, in grado di raccogliere le informazioni fotografiche e gestire un numero davvero ingente di foto.

Tanto per fare un esempio *Agisoft Photoscan* è uno di questi.

Tanto per chiarire brevemente il funzionamento, la posizione tridimensionale di un punto è recuperabile attraverso le sue coordinate rispetto a un centro globale.

Sono sufficienti 2 sole fotografie da due differenti punti di vista per individuare la posizione di un alto numero di punti di un oggetto dello spazio per ricreare una nuvola di vertici rapportabile al modello 3D.

Qualcosa del genere lo abbiamo già sperimentato in *Motion Capture*. Concettualmente si tratta della stessa tecnica: il riconoscimento dei *pixel* in due o più immagini consente di tracciare lo spostamento nello spazio e ricreare la profondità di campo.

Per aumentare il dettaglio, sono necessarie più fotografie a buona risoluzione, che riprendano 'oggetto o l'ambiente da più punti, a distanza quanto più costante e con viste leggermente sovrapposte. Questi *software*, nel sovrapporre le immagini, sono in grado di riconoscere i punti in comune e valutare la profondità di campo, dando una posizione spaziale ai punti.

Questa tecnica di restituzione 3D di oggetti e ambienti sta prendendo sempre più piede nel modo della computer grafica, nella topografia, nella fotogrammetria e nell'archeologia.

Si pensi alle ricostruzioni delle tombe e degli scavi, partendo semplicemente dalle fotografie.

Proprio nel campo dell'archeologia, eseguiremo un esercizio, partendo dal modello 3D e dalla mappa ricreati precedentemente con *Agisoft Photoscan*.

A tal proposito, è d'obbligo ringraziare Giampaolo Luglio per aver fornito assistenza e nozioni nel campo, nonché il materiale fotogrammetrico di base.

ESERCIZIO N. 13: RICOSTRUZIONE FOTOGRAMMETRICA E RENDERIZZAZIONE DI UNO SCAVO ARCHEOLOGICO

Ci si è avvalsi di un modello 3D ricostruito con *Agisoft Photoscan* di uno scavo archeologico, utilizzando una serie di fotografie.

Il *software* è stato in grado di ricostruire la nuvola di punti, partendo dalle foto e di esportale in *.3ds*, formato compatibile con Blender, già *scucita* e mappata. Le fotografie, appositamente montate dal programma sono state ulteriormente esportate sotto forma di *texture*.

fig. 248 la *texture* creata da *Photoscan* montando le fotografie scattate

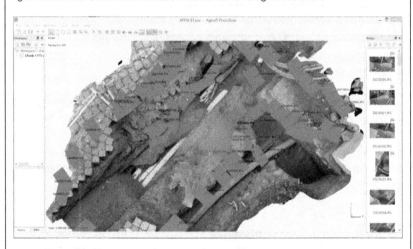

fig. 249 ricostruzione del modello 3D in *Photoscan*: i rettangoli blu rappresentano le fotografie scattate

Esportando il progetto in *.3DS si ottiene un file non eccessivamente pesante e la sua *texture*.

In alternativa è possibile esportare in *.obj*, *.dae*, *.fbx*, *..stl* e altri formati.

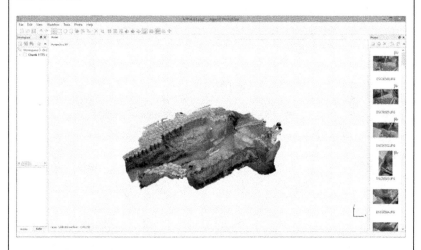

fig. 250 il modello 3D dello scavo

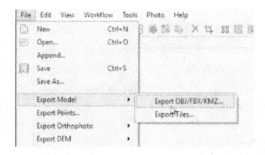

fig. 251 esportazione del modello

Sarà fondamentale, inoltre, al momento della scelta del formato di esportazione, spuntare *Export texture*, scegliendo il formato, in modo da ottenere anche la *texture* da riapplicare alla *mesh* in Blender.

fig. 252 modello di esportazione in *.3ds

Apriamo ora Blender e importiamo il file. Dal menu *File* della finestra *Info*, scegliamo *Import* *.3ds e selezioniamo il file *fotogrammetria scavo.3ds*.

La *mesh* che importeremo nel progetto non si posizionerà necessariamente al centro dello stesso (in corrispondenza del *3D Cursor*, per intenderci.

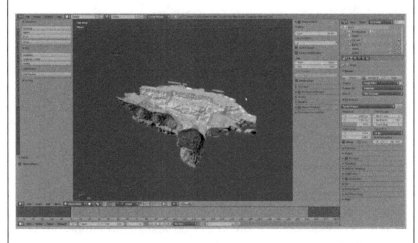

fig. 253 il modello 3D dello scavo importato in Blender

Inoltre, a seconda della risoluzione poligonale e delle dimensioni del *file* d'origine, è probabile che *Photoscan* abbia esportato il modello in due o più *mesh* separate.

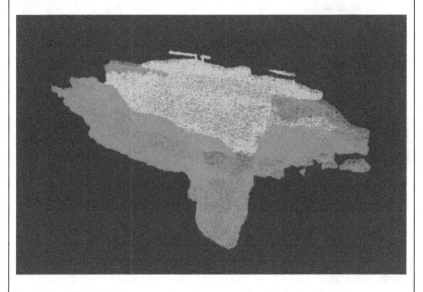

fig. 254 il modello 3D risulta composto, nel caso specifico, da due *mesh* distinte.

È altresì probabile che il centro della geometria delle suddette *mesh* non sia posizionato al baricentro delle stesse.

Con le *mesh* selezionate digitiamo SHIFT + CTRL + ALT + C e scegliamo *Origin to Geometry* dal menu.

Quindi digitiamo CTRL + J per unire le due *mesh* in una sola, ricordandoci di eliminare i punti doppi e coincidenti.

Per farlo, entriamo in *Edit Mode* e selezioniamo con A tutti i vertici.

Quindi dalla *Tools Shelf* clicchiamo sul pulsante *Remove Double*.

Rimarrete strabiliati dal numero dei vertici eliminati.

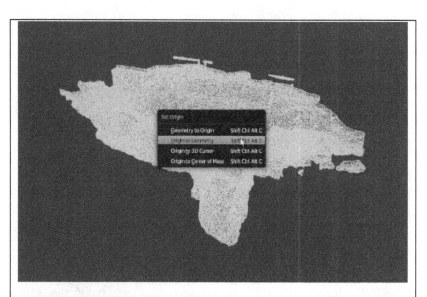

fig. 255 porre l'origine al centro della geometria

Posizioniamo il cursore al centro degli assi, quindi, selezionata la *mesh*, digitiamo SHIFT + S, scegliendo l'opzione *Selection to Cursor*.

La *mesh* sarà spostata e posizionata all'origine degli assi della *3D view*.

Noterete che la geometria della *mesh* non sarà suddivisa in quadrangoli, come d'abitudine in Blender.

Questo dipende dal file di esportazione.

Purtroppo possiamo fare ben poco per intervenire in merito. Il vantaggio è che probabilmente non avremo motivo di farlo, perché sulla *mesh* è stato già automaticamente eseguito l'*unwrapping* secondo la *texture* creata.

Quello che possiamo fare è assegnare alla *mesh* un modificatore *Subdivision Surface* con 2 o 3 divisioni e lo *Smooth* che arrotonderanno le spigolosità e interverranno sulla geometria, rendendola a base quadrangolare.

Si provi a fare altrettanto con una *icosfera*.

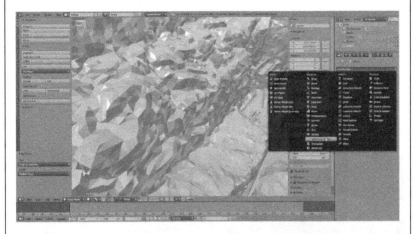

fig. 256 l'assegnazione del modificatore *Subdivision Surface* sulla superficie a facce triangolari

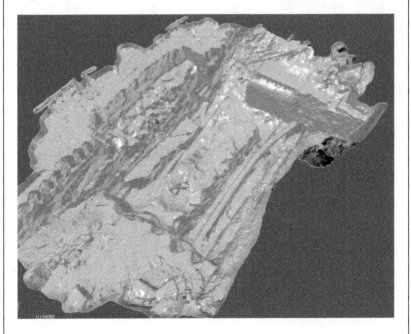

fig. 257 la superficie diverrà morbida e levigata

Possiamo ora applicare la *texture*.

Dal *tab Material* della finestra *Properties*, clicchiamo su *New* e al *Diffuse* di *default* applichiamo un nodo *Image Texture*, nel quale caricheremo la *texture* creata da *Photoscan*.

Impostiamo la visualizzazione *texture*.

Immediatamente noteremo che la *texture* aderirà perfettamente sulla *mesh*.

fig. 258 la *mesh* correttamente mappata

Nel *tab World* impostiamo come bianco il colore di *Background* per non influenzare in nessun modo l'illuminazione naturale dell'immagine. A questo punto posizioniamo la camera e lanciamo il *rendering*.

Il fotorealismo dell'immagine finale è assicurato: la *mesh* risulterà perfettamente congruente con la situazione originale e la veridicità della *texture*, generata da foto reali, permetterà di ottenere un'immagine perfetta nel realismo e dell'illuminazione.

fig. 259 *render* del modello 3D

Possiamo, attivando *Freestyle* ottenere bordi sovrapposti o, in alternativa, rappresentazioni schizzate o in stile disegno tecnico della vista.

fig. 260 renderizzazione *Freestyle* sovrapposta al *render* foto realistico

9

NUOVI ADDONS

9.1. Introduzione

Riprendiamo la rassegna degli *Addons* consigliati, aggiornandoci a quanto uscito negli ultimi mesi.

Il materiale a disposizione è in costante crescita e sarà impensabile rimanere aggiornati sulle proposte che tanti *developer* offriranno gratuitamente o a pagamento all'utenza di Blender.

Così come Blender cresce e si aggiorna, lo fanno anche i programmatori e i *3D artist* che continueranno a elaborare nuove idee e nuovi prodotti per migliorare la piattaforma.

Tra le novità degne di nota, vogliamo mettere in evidenza 4 prodotti al di sopra della media.

Ma andiamo con ordine.

9.2. Pro Lighting Studio (Andrew Price)

Uno di questi *addons* è fornito da *Andrew Price* e dal suo *staff*. Si tratta della naturale evoluzione del *Pro Lighting Sky*.

Price ci fornisce un vero e proprio studio fotografico, con l'interfaccia del tutto simile al gestore di cieli in *hdri*.

I *set* fotografici, già divisi per argomenti permettono di lavorare sul modello e sulla restituzione renderizzata, utilizzando illuminazioni predefinite, pavimentazioni, texture di sfondo e altre interessantissime impostazioni.

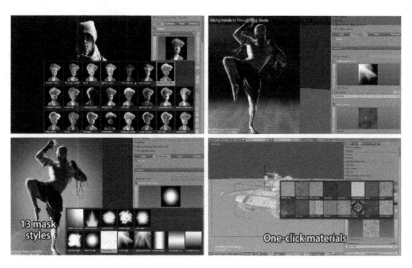

fig. 261 Interfaccia di pro Lighting Studio

Una volta scelto il tipo di *set*, tra *Cars*, *Characters* e *Ambient*, è possibile scegliere una delle numerose combinazioni di luce, applicare maschere sullo sfondo, *backlight* e *texture* per pavimentazioni, ottenendo immagini davvero interessanti, degne dei migliori studi fotografici.

fig. 262 prove di illuminazione di Victor

9.3. Render To Print

Di *default* le immagini o le animazioni renderizzate in Blender sono ottimizzate per la visualizzazione HD con *DPI* impostato a 72 o 96 *pixel* per pollice quadrato.

Può capitare di dover renderizzare delle immagini, destinate alla stampa professionale, che richiedono un valore *DPI* decisamente più elevato, di solito non inferiore ai 300 *pixel* per pollice quadrato.

Tecnicamente si tratterebbe di aumentare la risoluzione in *pixel* dal pannello *render* dell'omonimo *tab*, ma di quanto, al fine di ottenere una dimensione precisa in centimetri?

L'*addon Render To Print* ci viene incontro, permettendoci di pre impostare il formato o le dimensioni di stampa e il *DPI* desiderato.

Cliccando sul pulsante *Set Render*, le dimensioni del *file* verranno automaticamente ricalcolate e aggiornate.

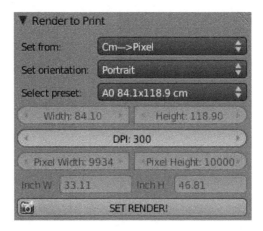

fig. 263 l'*addon render To Print*

236

9.4. Tessellate (Alessandro Zomparelli)

Alessandro Zomparelli propone un interessantissimo *addon* che consente di realizzare delle *mesh* molto complesse, assegnando alla *mesh* selezionata una seconda *mesh* secondo un algoritmo definibile, mi si passi il termine, come un *"Array tridimensionale"*, ottenendo delle vere e proprie tessiture.

Di solito l'oggetto *target* è un nodo base, ad esempio una piccola configurazione di una catena, i nodi di una maglia, che verranno ripetuti su tutta la superficie della *mesh* oggetto.

L'*addon* è assai utile per creare geometrie che ricordano cotte medievali o tessuti complessi.

Le opzioni si attivano in un nuovo menu *Tissue* attivo nella *Tools Bar* della *3D view*.

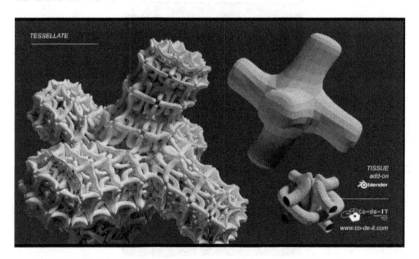

fig. 264 un esempio applicativo di *Tessellate*

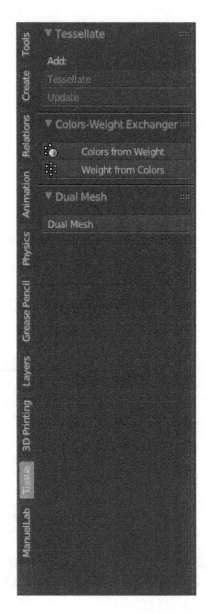

fig. 265 il *tab Tissue* nella *3D view*

9.5. Manuel Lab (Manuel Bastioni)

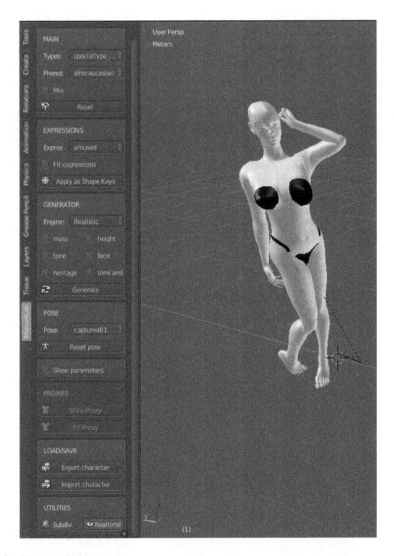

fig. 266 *ManuelLab*

Molti di voi saranno senz'altro a conoscenza di un utilissimo e performante *software open source* di creazione di figure umanoidi, *Makehuman*.

Il *developer* Manuel Bastioni ha creato un bellissimo e utilissimo *addon* per Blender che riassume diverse funzionalità di *Makehuman*, permettendo di realizzare in pochissimi passaggi figure umane partendo da modelli predefiniti maschili o femminili, e impostando le caratteristiche fisiche di base, come la muscolatura, la struttura corporea, l'altezza, le proporzioni, lo stato di forma del corpo e quella del viso, addirittura l'espressione, adattandosi alle caratteristiche *"razziali"* predominanti o effettuando un *mix*.

L'interfaccia è assai semplice e intuitiva e si trova all'interno del *tab ManuelLab* all'interno della *Tools Shelf* della *3D view*.

Cliccando su *Init Character* si attivano tutte le opzioni e si inserisce nella *3D view* il personaggio che si aggiorna in tempo reale con la modifica delle opzioni.

È possibile inoltre assegnare il *rigging* al *Character* per la posa e il movimento.

10
PER CONCLUDERE

10.1. Conclusioni e ringraziamenti

Siamo giunti al termine anche di questo inaspettato volume, che possiamo definire il "quinto incomodo" della collana o "appendice 1/2016" della collana, lasciando presagire continui aggiornamenti... Chi può dirlo? Giuro: neppure io lo so! Certo è che l'idea di produrre aggiornamenti annuali o biennali del software, di pari passo con le *release* e le nuove versioni sarebbe allettante e divertente, ma anche un impegno fisso con l'obbligo (morale) di rispettare. Staremo a vedere.

Verrebbe da chiedere: "E Phyton"? Bèh, Phyton è un linguaggio di programmazione, un discorso a parte rispetto alle funzionalità di Blender, benché vi sia stato scritto il codice sorgente e siano integrati *Script Editor* per interagire con le varie funzioni grazie alla programmazione.

Ma davvero sarebbe impensabile considerare Python come un capitolo di Blender. Non lo è. Sarebbe come se in un corso completo di Logic Audio si includesse il corso di chitarra.

Per ora, quindi, credo proprio di aver trattato, con questo quinto volume, tutti gli argomenti disponibili (ad esclusione appunto di Python), aggiornati all'ultima *release* (la 2.77) rilasciata al momento della pubblicazione di questo volume.

Desidero ringraziare tutti quanti coloro hanno contribuito alla realizzazione di questo quinto volume di **Blender - la guida definitiva**, la mia famiglia, ai collaboratori, agli amici che mi hanno supportato e consigliato, quali, tra tutti, Francesco Andresciani (che ringrazio sempre per i suoi consigli e il suo prezioso aiuto, specie per l'ostico Blender Game Engine); Massimiliano Zeuli (per il suo prezioso supporto morale), Giampaolo Luglio (per il supporto alla fotogrammetria), Andrea Rotondo per l'intervista su Blender Italia e per i suoi corsi sul *BGE*, il 3D *artist* e amico Oliver Villar Diz, Andrew Price, Manuel Bastioni e Alessandro Zomparelli (per i preziosi *Addons*); lo staff di *Blender Italia*, nostro sponsor ufficiale, rappresentato da Alessandro Passariello; ovviamente tutta la *Blender Community* e la *Blender Foundation*, che ringrazio per il "prestito" di alcune immagini ufficiali e dell'immagine di copertina con l'amata *Sintel*; le persone che seguono me e il sito www.blenderhighschool.it, nonché tutti i miei editori di *Lulu.com* che hanno creduto in questo progetto, in primis Renata.

Desidero dedicare a tutti loro il successo di quest'opera.

Grazie.

Andrea

10.2. Bibliografia di supporto

Per la stesura di questo primo volume sono state consultate le seguenti fonti cartacee e digitali:

- Francesco Siddi - Grafica 3D con Blender - Apogeo 2015

- Oliver Villar Diz - Learning Blender - Addison Wesley 2015

- Andrea Coppola / Francesco Andresciani - Blender - Area 51 Publishing 2013-2015

- Francesco Andresciani - Blender: le basi per tutti - Area 51 Publishing 2014

- Andrea Coppola - Blender Videocorso (modulo base e intermedio) –Area 51 Publishing - 2014-2015

- Andrew Price – Pro Lighting: Studio – 2016

- Frederik Steinmetz/Gottfried Hofman - The Cycles Encyclopedia - Blender Diplom - 2013

- Francesco Milanese – Blender per la Stampa 3d – 2014;

- Francesco Milanese – Tecniche di Compositing e Camera Tracking in Blender 3D - Udemy – 2013.

Sono inoltre stati consultati i seguenti siti internet:

www.blender.org

www.blenderguru.com

www. blendtuts.com

www.blender.it

cgcookie.com/blender

www.blenderhighschool.it

http://blenderaddonlist.blogspot.it

www.blenderdiplom.com

www.os3.it

10.3. Nota sull'Autore

Andrea Coppola, classe '71, è un professionista poliedrico: architetto, *designer*, 3D *artist* e costruttore (e parecchi anni fa anche musicista arrangiatore e produttore).

Vive dividendosi tra Roma (dove si occupa di architettura di interni e design e di training) e il Kenya (dove ha progettato e realizzato cinque residence di ville a Watamu: (consultabili sul sito www.lamiacasainkenya.com). In Kenya è anche socio fondatore della società di costruzioni Hendon Properties Ltd.

Titolare e fondatore dello studio di architettura di Roma L.A.A.R. (www.laboratoriodiarchitettura.info), ha lavorato e lavora tuttora come progettista di interni e designer (avendo progettato, tra l'altro, i due modelli di cucina "Nairobi" e "Skin" per Reval Cucine s.r.l. e la sedia "Cra Cra" per Art Leather).

Ha inoltre lavorato come coordinatore per la sicurezza nei cantieri edili (C.S.E.) e come assistente universitario presso la facoltà di Architettura di Roma "La Sapienza", insegnando in alcuni master.

Appassionato di computer grafica e in particolare di Blender, tiene regolarmente corsi, attraverso il sito www.blenderhighschool.it, uno dei principali riferimenti italiani di Blender e partner ufficiale di Blender Italia (www.blender.it). In questo sito, connesso con www.blenderclick.it (gestito con Francesco Andresciani), l'Autore cerca di dare il personale contributo alla causa di Blender, grazie alla sua versatilità, offrendo tutorial, trucchi, libri e prodotti gratuiti e/o a pagamento, oltre a servizi di modellazione e *rendering*.

È *trainer* certificato della *Blender Foundation* (BFCT).

Come consulente ha realizzato dei cataloghi per aziende di cucine (insieme ad Alan Zirpoli); per la Mars Society di Bergamo un progetto interattivo utilizzando le reali mappe del pianeta rosso fornite dalla NASA (con Francesco Andresciani) e per conto di Giampaolo Luglio / Efora della Beozia della ricostruzione di una fossa-*bustum* con la *kline* lignea decorata disposta sopra una pira ritrovata in Beozia (Grecia).

Oltre a questa opera (in 5 volumi, pubblicata da www.lulu.com), ha pubblicato 8 *e-book* su Blender, 1 sulla stampa 3D, 10 videocorsi, una Academy a tema (Thematic Academy) su Blender; 3 *e-book* su Autocad; 1 corso di fonia e 1 *thriller* ("L'Altra Specie"), tutti editi da Area 51 Editore di Bologna (www.area51editore.com) e 2 corsi online su Blender (www.piuchepuoi.it).

Per contatti:
blenderhighsxhool@gmail.com
www.blenderhighschool.it
https://www.blendernetwork.org/andrea-coppola

:: Blender Foundation Certified Trainer